Esteban Fernández-Cobián

PRECISIONES SOBRE
ARQUITECTURA RELIGIOSA CONTEMPORÁNEA

Fernández-Cobián, Esteban

Precisiones sobre arquitectura religiosa contemporánea / Esteban Fernández-Cobián. - 1a ed . - Ciudad Autónoma de Buenos Aires : Diseño, 2016.
212 p. ; 21 × 15 cm. - (Textos de arquitectura y diseño)

ISBN 978-987-4000-65-1

1. Arquitectura. 2. Historia de la Arquitectura. 3. Investigación. I. Título.
CDD 720.9

Textos de Arquitectura y Diseño

Director de la Colección:
Marcelo Camerlo, Arquitecto

Diseño de Tapa:
Liliana Foguelman

Diseño gráfico:
Karina Di Pace

Hecho el depósito que marca la ley 11.723

I.S.B.N. 978-987-4000-65-1

Agosto de 2016

Esas leyes, oh diosa, no están hechas para ti; esos cánones
que escribo y esos minuciosos análisis son para las imágenes
destinadas al culto. Innumerables son las formas que revistes,
oh Belleza, y ningún shastra puede definirlas. Una sola figura
entre millones, por casualidad, tendrá una forma impecable
y una belleza perfecta. Los sabios dirán: «Sólo esta imagen
que se conforma a las leyes de la belleza de los shastras es
perfecta». Otros, por el contrario, dirán: «Todo lo que se ama
intensamente llega a ser perfecto, llega a ser espléndido».

Shankaracharya

PRESENTACIÓN

El lector tiene en sus manos una pequeña colección de textos académicos que intentan combinar el rigor científico con el interés de un artículo de divulgación. Todos ellos han sido publicados recientemente en *journals* o en actas de congresos especializados, o al menos, están en proceso de edición. Su hilo conductor es la arquitectura religiosa contemporánea.

La palabra «Precisiones» que encabeza el título tiene un evidente sabor lecorbusieriano, pero también latinoamericano. Si los textos de la primera mitad del libro giran en torno a diversos aspectos de la obra de Jeanneret —la dimensión cosmológica de la arquitectura, su fascinación por el ocultismo, Ronchamp y su influencia posterior—, los últimos reflejan el giro vital que en los últimos tiempos me ha llevado a visitar diversos países de Latinoamérica y a interesarme por sus arquitecturas y sus arquitectos.

Existe un esfuerzo por precisar los episodios que más han influido en la construcción de una idea de templo durante el siglo XX, manteniendo el foco del discurso centrado en el ámbito católico.

Pretendo así superar los análisis que reducen el interés de la arquitectura religiosa a la obtención de ingeniosas soluciones formales, destinadas a conseguir un difuso ambiente *espiritual*. La realidad suele ser más rica y más compleja, y con frecuencia, el aspecto final de una iglesia tiene mucho más que ver con las condiciones programáticas y socioculturales que rodean a una comunidad que con decisiones estrictamente plásticas.

El libro se abre y se cierra con dos entrevistas en las que de una manera relajada —aunque no por ello menos precisa—, se discuten los problemas que cualquier lector interesado en la arquitectura religiosa contemporánea se podría plantear, a la vez que se dejan en el aire nuevos interrogantes que acaso conduzcan a posteriores investigaciones.

LUGARES SAGRADOS. PERSPECTIVAS CRÍTICAS
Entrevista a Esteban Fernández-Cobián

Luis Santiago Baptista y Paula Melâneo

Publicado en: Luis Santiago Baptista y Paula Melâneo, «Lugares sagrados. Perspectivas críticas. Entrevista a Esteban Fernández-Cobián», *Arqua. Arquitetura e arte* 108 (2013): 28-29.

*El campo de lo sagrado en la vida humana ha sufrido en las sociedades occidentales un proceso general de secularización a lo largo de la
modernidad. Sin embargo, lo sagrado nunca ha dejado de manifestarse
de las más diversas formas en las sociedades modernas y contemporáneas. Si el territorio de lo sagrado ha contribuido a la armonización del
ser humano en el mundo, también ha sido motivo de tensiones religiosas en diversas zonas geográficas del planeta.*

La arquitectura siempre ha sido un territorio privilegiado de manifestación de lo sagrado. Estableciendo lugares para la reflexión, la contemplación o la trascendencia, la arquitectura busca incorporar materialmente y expresar espacialmente este horizonte intangible de lo sagrado.

*¿Cuáles son los territorios disciplinarios de lo sagrado en la época contemporánea? ¿Cómo puede lo sagrado manifestarse a través de la arquitectura de hoy? ¿Cuál es el papel del arquitecto en la construcción del
espacio inefable?*

***

*Con respecto a su investigación sobre la construcción de un espacio
sagrado en la arquitectura contemporánea y la coordinación de los
Congresos Internacionales de Arquitectura Religiosa Contemporánea,
¿de qué manera está usted específicamente interesado en el tema de lo
sagrado en la arquitectura?*

En primer lugar, me gustaría precisar que no me interesa tanto la
presencia de lo sagrado en la arquitectura como la arquitectura religiosa en sí misma. Entiendo que la religión es, en nuestras sociedades actuales, el lugar primordial de lo sagrado, aunque no el único.

La arquitectura religiosa es una arquitectura particularmente densa.
En ella se dan cita algunos de los desafíos más interesantes que
se le pueden plantear a un arquitecto: la creación de amplios espacios de reunión, con los problemas estructurales y constructivos
de cubrición de grandes luces que esto conlleva; la manifestación
del espacio con toda su fuerza; la materialización simbólica de una
idea de trascendencia, en donde el concepto de dignidad, tan vinculado al ornamento, juega un papel fundamental; el trabajo colectivo

Heinz Tesar, Cristo Salvador del Mundo, Donnau City (Austria), 1998/2000.

—muchas veces anónimo— para materializar una arquitectura que pueda convertirse en símbolo de identidad de una comunidad; el diálogo con la historia desde la propia contemporaneidad; etc.

También me interesa la deriva de esta arquitectura, toda vez que en los últimos dos o tres siglos ha pasado de ser la arquitectura por antonomasia (lo era desde los primeros albores de la Humanidad) a prácticamente desaparecer del debate académico. Cuándo, cómo y por qué se ha producido esta inflexión es un tema que me preocupa.

En la arquitectura religiosa confluyen, por lo tanto, muchos factores. Por eso su estudio es un ejercicio apasionante, que a menudo permite recorrer de modo transversal la geografía de los pueblos, sus

Jóvenes peregrinos polacos, 2005.

recursos artísticos y su cultura más profunda. Pienso que la verdadera arquitectura religiosa sigue siendo, todavía, la sublimación de
todas las artes, y que construir una iglesia sería, para muchos arquitectos, la culminación de su carrera.

Pero para responder estrictamente a su pregunta, le diría que la
presencia de lo sagrado en la arquitectura —al menos si lo vemos
desde un punto de vista exclusivamente religioso— no tiene nada
que ver con la arquitectura entendida como disciplina. Lo sagrado
es algo completamente externo a la arquitectura, ajeno de sus cualidades propias. Lo sagrado aparece en la arquitectura religiosa
vinculado a los ritos de consagración. Por eso, la sacralidad es una

idea no-arquitectónica, relacionada con aspectos teológicos, sociológicos, o si se quiere, incluso jurídicos. Pero como arquitectos, se trata de una realidad que está fuera de nuestro ámbito de estudio.

La arquitectura puede, como máximo, intentar no desentonar con las realidades sagradas que acoge. O en el límite, hacer posible su percepción sensorial.

En relación a los Congresos Internacionales de Arquitectura Religiosa Contemporánea que vengo organizando desde 2007 en Ourense, y próximamente en Sevilla, en el primero de ellos se afrontó la arquitectura religiosa desde el punto de vista de la memoria colectiva; en el segundo, tratamos la dialéctica entre el concepto (qué es un espacio de culto) y la identidad (cómo puede ser reconocible en la actualidad); y en el tercero se estudiarán aquellos espacios religiosos que apenas pueden ser definidos como arquitectura: lugares de celebración al aire libre, espacios provisionales de culto en el marco de concentraciones cívicas, militares o deportivas, lugares de recogimiento en nodos urbanos vinculados al transporte, iglesias de emergencia... Esta vez el foco se quiere poner en la persona, no tanto en el edificio; de hecho, para el cristianismo, lo verdaderamente sagrado, el lugar donde se produce el encuentro crucial del hombre con Dios, no es el templo, la arquitectura, sino la conciencia de cada persona.[1]

En estos tiempos de secularización de las sociedades contemporáneas occidentales, ¿cuál es el campo de la arquitectura sagrada?

Personalmente, me siento un poco incómodo al hablar de *arquitectura sagrada*. En el cristianismo existen personas sagradas, vasos sagrados, incluso espacios y tiempos sagrados. Pero no podemos hablar *propiamente* de arquitectura sagrada. Siempre que se habla en estos términos me viene a la cabeza el Muro de las Lamentaciones de Jerusalén. Yo me dedico a la arquitectura cristiana, y en especial, a la católica, y para el cristianismo la arquitectura no es importante hasta ese extremo, como acabo de explicar.

Josef Rüenauver, Altar para la XX Jornada Mundial de la Juventud, Colonia (Alemania), 2005.

Por otra parte, las sociedades occidentales, si están secularizadas lo están desde un punto de vista estadístico. Es decir, se puede hablar de secularización porque hace cien años la mayor parte de la gente practicaba la religión, y ahora sólo lo hace una minoría. Pero aunque no esté de moda, esa minoría sigue celebrando sus ritos, y para ello necesita ámbitos adecuados. La arquitectura religiosa le ofrece esta posibilidad.

Decio Tozzi, Capilla en la Facenda Veneza, São Paulo (Brasil), 2002/03.

Otro campo de actuación que sigue vigente es el identitario. La arquitectura tiene la virtualidad de asumir significados. Cada civilización, de hecho, se puede reconocer en su arquitectura. Y cuando una porción de la sociedad es capaz de reflejarse en un edificio, de transformar sus ideales en arquitectura, aumenta su visibilidad, su presencia pública, e incluso crece su autoestima. La arquitectura religiosa deja claro que existen personas que practican una religión, y que esa actividad es importante para ellos. Y si esa arquitectura se convierte en un arte a causa de su excelencia, mostrará de algún modo que las ideas religiosas de aquéllos que la construyeron también participan de la misma excelencia. Alguien decía que la mejor apología de la fe cristiana a lo largo de su historia la habían hecho las personas santas y las grandes obras de arte, en especial las arquitectónicas. La arquitectura religiosa tiene un valor propagandístico indudable.

Pienso que un arquitecto, para enfrentarse correctamente a un programa de este tipo, ha de albergar la ilusión de levantar un edificio en el que una comunidad pueda ver reflejada su fe; y de crear un espacio que la comunidad pueda usar de la manera más satisfactoria posible.

El arquitecto sólo es un artífice, un mediador al que, de alguna forma, le encargan traducir los anhelos de una comunidad. Para ello utiliza su sensibilidad y sus conocimientos técnicos. Esto es difícil. Hay arquitectos que asumen el rol de *médium*, de chamán, de intermediario entre los dioses —*el espíritu de los tiempos* sería uno de ellos, acaso el más utilizado en nuestra época— y los seres humanos, los mortales. Es complicado interactuar con estos arquitectos. Otros, en cambio, no aspiran a tanto, son más dóciles y trabajan mejor con el grupo que les encarga la iglesia.

El cardenal Carlo Maria Martini, recientemente fallecido, solía recordar que lo normal era que las iglesias las proyectaran los clérigos, y no los arquitectos:[2] de hecho, salvo contadas excepciones, hasta hace muy poco tiempo las iglesias eran obras anónimas. Creo que un elegante anonimato le va bien al edificio religioso, entre otras cosas, porque de otro modo lo sagrado —que por definición es absoluto— queda relegado a un segundo plano tras el nombre el arquitecto. Y eso no puede ser. Como decía Alejandro de la Sota, a los arquitectos se les pide desaparecer tras «un anonimato serio y digno, una presencia por conocimientos, nunca por tonterías, un tremendo ser útiles a los demás».[3]

Finalmente, me gustaría añadir una apreciación muy personal. En el ámbito del cristianismo, me gustan los espacios de culto no demasiado formalizados, un poco *mestizos*. Espacios que puedan ser personalizados (*tuneados*, podríamos llegar a decir) por la comunidad a lo largo del tiempo. Y para eso no sirve cualquier lenguaje. Una iglesia, un edificio que configure un espacio sagrado, es un objeto que va a ser modificado a lo largo de su historia. Un buen arquitecto marcará las pautas, pero una vez concluido su trabajo, el edificio tendrá vida propia, y deberá poseer la fuerza suficiente —en razón de su estructura, de su escala o de sus reglas de composición interna— para resistir el cambio de las costumbres y el uso de las gentes. Sólo así se podrá vincular con la eternidad.

NOTAS

[1]   Cf. Jn 4,24; Mt 6,6; Mc 7,21. Posteriormente, los días 21-24 de octubre de 2015, se celebró en Puebla (México) una nueva edición del congreso, esta vez dedicada a «Latinoamérica y el Concilio Vaticano II: influencias, aportaciones, singularidades», con acceso el 23/03/2016, https://sites.google.com/site/arquitecturareligiosa2015.

[2]   Cf. «Il mistero indicibile», en Giuseppe Arosio, *Chiese nouve verso il terzo millenio. Diocesi di Milano 1985-2000* (Milano: Electa, 2000): 152.

[3]   Mariano Bayón Álvarez, «Conversación con Alejandro de la Sota desde su propio arresto domiciliario», *Arquitecturas bis* 1 (1974): 26.

LAS PINTURAS MURALES DE SAN JUAN BAUTISTA DE ALARCÓN

De lo sagrado a lo profano, de lo profano a lo sagrado

Con José Luis Valverde Zarco

Publicado en: Esteban Fernández-Cobián, «Las pinturas murales de San Juan Bautista de Alarcón. De lo sagrado a lo profano, de lo profano a lo sagrado», *Boletín Académico. Revista de investigación y arquitectura contemporánea* 5 (2015): 61-72.
En esa ocasión, José Luis Valverde no quiso figurar como coautor del artículo.

INTRODUCCIÓN

Hace algunos años, la iglesia de san Juan Bautista de Alarcón (Cuenca) se convirtió en el centro de un inesperado fenómeno mediático. La causa del revuelo eran unas imágenes sorprendentes, oníricas, que mostraban una especie de bestiario moderno realizado durante siete largos años, en soledad, por un joven y desconocido pintor local: Jesús Carlos Mateo Cano (1971). La noticia no hubiera tenido apenas eco si a la calidad de la obra no se hubiera añadido el dato de que habían sido ejecutadas en una iglesia desacralizada, que desde el 3 de diciembre de 1997 contaban con el Patrocinio de la UNESCO, y que se había creado una fundación aneja. ¿Qué estaba pasando en Alarcón? ¿Cuál era el origen de esas pinturas? ¿Quién era Jesús Mateo?

Con el paso del tiempo se fueron conociendo algunos detalles adicionales, que el propio autor mostró en un sitio web donde, de manera somera, explicaba la génesis de esta obra.[1] Posteriormente, también se realizó una cuidada monografía en dos volúmenes titulada *El Noveno día de la Creación*, en la que se recogen numerosas fotografías de los murales de Alarcón y algunos de los ensayos más importantes que se han escrito sobre ellos.[2] De alguna manera, el propio título ya es descriptivo de lo que un espectador siente al entrar en la iglesia: que está ante el momento inicial de una nueva creación del universo. Así lo expresaba Fernando Arrabal:

> Si el mural de Jesús Mateo fuera una epopeya
> contaría la vida de las primeras fieras del paraíso terrenal.
> Si fuera manual de historia,
> relataría la trasmutación de la energía en estrellas.
> El mural de Jesús Mateo emana del universo.[3]

Sin embargo —como por otra parte suele ser habitual—, ni las explicaciones del autor ni las de los analistas convocados para contextualizar la obra resultan del todo convincentes. Por eso, apoyándonos de nuestra correspondencia con el autor y con el párroco que encargó el proyecto, recientemente fallecido, así como de la visita directa a la obra, pretendemos aportar algunas claves que ayuden a entender el origen real —no mítico— de estas pinturas fascinantes, así como aventurar una hipótesis hermenéutica sencilla, aunque alternativa a las ya dadas por otros. Nos centraremos en mostrar la pervivencia del proyecto iconográfico inicial, profundamente religioso, en el resultado final. Y dejaremos las sugerentes derivas esotéricas —iniciáticas, en general; órficas, en concreto— apuntadas por diversos autores para una ocasión más favorable.

EL DESAFÍO

La villa de Alarcón se levanta en un promontorio de La Manchuela conquense como verdadera plaza fuerte, rodeada por el profundo foso que forma un meandro del río Júcar. Está unida a tierra tan sólo por un paso defendido por una espléndida torre del homenaje, convertida hoy en Parador Nacional. En esta villa medieval existen notables edificios civiles y hasta cinco iglesias, lo que contrasta con una población que apenas supera en la actualidad los doscientos habitantes. Esto nos habla de un esplendoroso pasado y de un debilitado presente. Sólo el encanto del enclave, la belleza de su arquitectura y las páginas gloriosas de la historia de la Reconquista que allí se escribieron podrían librarla del olvido en el que también están sumidos muchos otros pueblos de la zona.

En Alarcón trabajaba un benemérito párroco, Luis Martínez Lorente. Era un hombre de cuerpo menudo pero espíritu enorme. Sus palabras destilaban saber de muchas cosas, especialmente de arte. Sabía leer las antiguas construcciones y desentrañar los secretos de sus constructores. Conocía por qué éstos elegían un lugar y no otro para edificar las iglesias, por qué las apoyaban en un número determinado de columnas y cómo decidían qué imágenes debían esculpirse en sus hornacinas o pintarse en sus retablos. Daba la impresión de que entre el sacerdote y aquellos constructores no hubiera secretos. Y seguramente, la escuela en la que había aprendido todo lo que sabía eran las cinco iglesias de este pueblo al que fue enviado como párroco tras su ordenación sacerdotal hace más de cuarenta años.

Jesús Mateo (1998).

A fuerza de repetir la historia, don Luis recordaba el comienzo del proyecto de una manera un tanto idealizada. Según él, los caprichos del azar le hicieron coincidir en una velada con un joven pintor conquense sin experiencia, ni obra, ni curriculum, Jesús Mateo, que tenía entonces veintitrés años. Era el 11 de junio de 1994. Ambos habían sido invitados a celebrar la primera comunión de uno de los hijos de la familia Del Pozo Sanz, propietaria del manantial de aguas minerales Solán de Cabras. La estampa-recordatorio del evento la había dibujado Mateo. Durante la comida, comenzó a desafiar al joven, diciéndole que era fácil pintar unos centímetros cuadrados de cartulina, pero que él tenía un lienzo de decenas de metros cuadrados de pared esperando a un pintor que se atreviera a trabajar en ellos. El pintor mordió el anzuelo, y la familia propietaria de la famosa marca de agua embotellada, testigo del desafío, ofreció la primera ayuda. Luego vendría el permiso del obispado, el patrocinio de la UNESCO y las ayudas económicas necesarias para una obra de proporciones excesivas para un pueblo de doscientos habitantes. Otros pintores se interesaron, cedieron cuadros para subastas benéficas y se constituyó una asociación. Y así, de su lance personal al inexperto pintor, habría surgido la aventura de las pinturas murales de Alarcón.

Pero la realidad no fue exactamente así. El propio autor nos confesaba no hace mucho:

> «Luis, el pobre, era bueno y culto. Esta obra lo proyectó en su ámbito próximo como nunca hubiera pensado. Conoció gracias a mí a grandes intelectuales, artistas, poetas... Se sintió muy honrado y feliz. Dichoso de lo que acontecía a tan solo unos metros de su casa. Teniendo ya el respaldo de la UNESCO nos enteramos por algunos comentarios poco afortunados que estaba contando una historia de los inicios de la obra que en absoluto eran reales. Tuve que sentarme con él y pedirle modificara su actitud (...). La verdad es que reaccionó bien en ese momento, aunque con el tiempo siguió deslizando una posición y determinación en esta obra que nunca llegó a tener. (...) No hubo ningún encargo, ni apoyo, ni aliento por parte de nadie en un principio. Propuse la intervención en un lugar abandonado, pedí que me dejaran el edificio y estuve durante tres meses en 1994 trabajando solo en mi estudio. Luis ni siquiera lo sabía. Se enteró pasados esos meses. Durante un año lo pase muy mal y el desconsuelo fue grande. En 1995 unos amigos y conocidos fueron los que lideraron el proyecto y lo asumieron como propio a través de una asociación cultural. Ahí fue cuando convencimos a Luis y al obispado, y empezó todo... O sea que fue mucho más duro y al tiempo mucho más increíble y bonito... Desde luego lo recuerdo como un auténtico milagro».[4]

LA IGLESIA DE SAN JUAN BAUTISTA

En cualquier caso, el lienzo con el que se enfrentó el pintor no era otro que el interior de la iglesia de san Juan Bautista, uno de los cinco templos de la villa. Un edificio renacentista, de líneas rectas y puras —*más herreriano que el propio Juan de Herrera*—, orientado

Estado de la antigua iglesia de san Juan Bautista, Alarcón (Cuenca), a finales del siglo XIX.

Interior del edificio al comienzo de las obras (1998).

canónicamente, y que había sido restaurado durante los años setenta tras haber sufrido el hundimiento de su bóveda después de más de dos siglos de abandono y pérdida de su dedicación litúrgica. Por lo tanto, el templo estaba vacío y en desuso, con sus paredes blancas, inertes, como a la espera.

Jesús Mateo ideó un plan iconográfico que suponía plasmar en el muro norte escenas de la vida de san Juan Bautista, y en el sur, momentos de la vida de Jesucristo. El muro oriental (donde se ubicaba el antiguo presbiterio, ya sin altar, siquiera) recogería el encuentro de ambos personajes, el Precursor y el Precedido, en la escena del bautismo de Cristo en el Jordán. Todo sería ejecutado en su personal estilo pictórico, en aquel momento a caballo entre lo abstracto y lo figurativo.

Sin embargo, conforme los bocetos iban ocupando sus lugares, el espacio iba influyendo en los ánimos del artista, cambiándolos, haciéndole variar completamente su plan inicial. De alguna manera, aquel templo, ya sin uso litúrgico, le estaba pidiendo algo distinto a una representación de la vida del Bautista: le exigía un contenido y unas formas diferentes. Lo contaban el párroco y el propio pintor, respectivamente:

«Cuando Jesús C. Mateo se decidió a invadir de color el espacio
interior de la antigua parroquia de san Juan Bautista de Alarcón, el
propósito primero era desarrollar un programa pictórico sobre las
vidas de san Juan y la de Cristo en paralelo. Como la iglesia dejó de
tener el cuidado de los hombres y quedó sometida al tiempo, que
la convirtió en una ruina de empleo residual, no había imperativos
litúrgicos que restringieran la libertad del pintor. Era un antiguo
edificio recuperado en el año 1970, sin otra pretensión que la de
completar el conjunto monumental [de la villa], sin devolverlo a su
antigua función litúrgica».[5]

«Fue ese día cuando conocí el escenario o soporte que serviría
para albergar mi obra pictórica. Realmente no contaba con ningún
proyecto concreto. Lo cierto es que fue el espacio, la arquitectura,
sus dimensiones y su estado de semiabandono lo que determinó
mi particular intervención. Fue un feliz condicionante y una feliz
coincidencia».[6]

Una vez convencido, el párroco consiguió el necesario permiso de su
obispo, que entonces era José Guerra Campos. Y libre ya de los condicionantes iniciales, Mateo se puso manos a la obra. Una obra que
duró más de siete años, con sus días y sus noches, porque al pintor
le gustaba trabajar de noche para evocar mejor, quizá, la oscuridad
de la caverna prehistórica en la que acabó convirtiéndose la iglesia
de san Juan Bautista.

UN ARTE AL SERVICIO DE LO SAGRADO

No es nuestra intención adentrarnos aquí en disertaciones acerca
de la relación entre el arte y lo sagrado; sin embargo, dado que las
pinturas se realizaron sobre una antigua iglesia católica, sí resulta
imprescindible hacer una breve reflexión acerca de la relación entre
el arte y la liturgia católica.[7]

En la liturgia católica, la realidad sagrada que se celebra ha de
expresarse necesariamente mediante signos y símbolos. Requiere la

convocatoria de los sentidos para que el hombre pueda acercarse al misterio. Y por eso despliega un ritual en el cual intervienen gestos y palabras, música y silencio, colores, olores y hasta sabores. Y aunque estas sensaciones son incapaces por sí mismas de abarcar la magnitud el misterio que evocan, todas ellas son necesarias para, al menos, intentar acceder a él.

Por eso, el arte ha sido siempre un aliado imprescindible para la liturgia. El papa Juan Pablo II decía que «para transmitir el mensaje que Cristo le ha confiado, la Iglesia tiene necesidad del arte. En efecto, debe hacer perceptible —más aún, fascinante— en lo posible, el mundo del espíritu, de lo invisible, de Dios».[8] Esto es así porque el artista tiene una potencialidad única: la de transformar lo material en espiritual. Es el *milagro* que los artistas pueden obrar y que llamamos arte.

Pero si un verdadero artista es capaz de transformar una tabla en un icono, una madera en un Cristo o una piedra en un altar; en suma, si un verdadero artista tiene el poder de metamorfosear el material profano en algo espiritual y sagrado, ¿podrá ese mismo artista recorrer el camino inverso? ¿Podrá profanar lo sagrado y *humanizar* —o incluso *animalizar*— el espíritu? Intuimos que la respuesta a estas preguntas es afirmativa. Y que, precisamente, eso es lo que ha ocurrido en la iglesia de san Juan Bautista de Alarcón, aunque no se haya consumado del todo, como veremos.

No cabe duda de que las pinturas murales de Jesús Mateo son osadas para haber sido ejecutadas en un templo; quizá, incluso, transgresoras. Pero se puede hacer una lectura religiosa de ellas, algo que no se ha realizado hasta ahora.[9] Respondiendo a la pregunta de si en su trabajo había tenido un plan religioso de fondo, Mateo explicaba lo siguiente:

«La iglesia lleva desacralizada más de 200 años. Por ello la significación y el concepto general de la obra es profano. Te remito a las decenas de textos y ensayos colgados en la web y publicados en varios libros. Pese a ello, no olvidé el carácter primigenio del edificio. Por ello, sí hay un contenido (ligeramente velado u oculto) de significación religiosa. No olvidemos que yo también soy católico. Aunque no hay que dejar de lado todo lo que te indico acerca del

Jean Cocteau, Capilla de Saint-Pierre, Villefranche-sur-mer (Francia), 1957.

Jean Cocteau, Capilla de Saint-Blaise-des-Simples, Milly-la-Fôret (Francia), 1959.

edificio —su funcionalidad, la desacralización, el paso del reino de la gracia al reino de la cultura, etc.—, hay conceptos religiosos o trascendentes que sí están presentes en la obra. El nacimiento y la muerte. El génesis. El árbol de la vida. Los pecados capitales. Los signos zodiacales. La bóveda celeste. El bien y el mal. La luz y las tinieblas, el Tótem, ídolo o DIOS que hay descrito en la cabecera (en líneas blancas): JESÚS. Junto a él, la imagen de un san Juan Bautista desrealizada [sic] junto a una mancha azul que simboliza el agua, la purificación, el inicio...».[10]

Así las cosas, parecía claro que, en realidad, lo que había pretendido Jesús Mateo en Alarcón era recorrer el camino inverso a lo que tantos otros artistas pretendieron. Si éstos tomaban una materia inerte —vacía de significado— y la transformaban en algo sagrado, Mateo había tomado un espacio antaño sagrado para devolverlo a su condición natural y profana primera. No solamente desde el punto de vista jurídico-canónico (el edificio ya estaba desacralizado *de hecho*), sino también desde el punto de vista de su manifestación sensorial, de su apariencia. La obra de arte debería ser el hecho mismo de manifestar esta circunstancia.

Marco Iván Rupnik, Capilla *Redemptoris Mater*, Ciudad del Vaticano, 1996/99.

A la vista del resultado obtenido —una especie de Capilla Sixtina prehistórica que a nadie deja indiferente—, se ha discutido la oportunidad de haber realizado esta obra en un edificio del siglo XVI. Pero podemos recordar algunas obras similares realizadas en los últimos cincuenta años, como las intervenciones de Jean Cocteau en las capillas de Saint-Pierre (1957) en Villefranche-sur-mer y Saint-Blaise-des-Simples (1959) en Milly-la-Fôret (Francia); Marko Ivan Rupnik sj en la capilla *Redemptoris Mater* en el Vaticano; Miquel Barceló en la Capilla del Santísimo de la catedral de Palma de Mallorca; o incluso, la actuación de Alfredo Rodríguez Orgaz en la llamada *Catedral de la Sal*, en Zipaquirá (Colombia), por ceñirnos sólo a intervenciones *cavernarias* en espacios preexistentes de una cierta antigüedad. Estas obras estarían hablando de la continuidad de una cierta tradición que se remontaría al mismo inicio del arte como actividad humana.

Para muchos analistas de las pinturas de Alarcón, Jesús Mateo habría convertido el antiguo templo herreriano en una especie de cueva neolítica o incluso platónica, en la que el hombre primitivo, todavía sin respuestas a sus interrogantes religiosos, mira asombrado —asustado quizá— al mundo que le rodea. Un mundo en el que la

Miquel Barceló, Capilla del Santísimo de la Catedral, Palma de Mallorca, 2001/06.

Alfredo Rodríguez Orgaz, *Catedral de la Sal*, Zipaquirá (Colombia), 1950/54.

vida lucha por abrirse paso, en constante tensión entre el nacimiento y la muerte, el bien y el mal, el suelo y el cielo.

Pero antes de determinar si su pintura es arte sacro o es otra cosa, lo que no puede discutirse es que en esta iglesia hay algo que sigue evocando el misterio. Pero ¿de qué misterio se trata? El misterio evocado es *el momento primigenio*, la explosión creadora de la vida, generada desde abajo —como desde su raíz— por un tótem (aún no lo podemos llamar Dios) y observada por el hombre, que actúa como notario atónito de lo que ocurre a su alrededor.

Es evidente que las pinturas de Alarcón no están al servicio de la liturgia católica ni siquiera del misterio cristiano. Más bien retrotraen esos contenidos revelados al estadio anterior a la Revelación, al estadio mítico en el que el tótem, el zodíaco y los temas originales de la vida y la muerte, del bien y del mal, son convocados.[11]

Con todo, nos podríamos preguntar si ese propósito *profanador* se
ha conseguido realmente. Algunos de los escritos sobre Alarcón
así lo afirman. Pero desde nuestro punto de vista, la clarificación de
este aspecto fundamental de la obra requiere un análisis un poco
más detallado. En este momento sólo parece claro que la intervención de Mateo se sitúa en la línea de lo que Juan Pablo II recordaba
en su *Carta a los artistas*: «Nadie mejor que vosotros, artistas, genia-
les constructores de belleza, puede intuir algo del *pathos* con el que
Dios, en el alba de la creación, contempló la obra de sus manos».[12]
Analicemos, pues, brevemente, las pinturas.

LAS PINTURAS DE ALARCÓN

Se accede a la iglesia por la antigua sacristía, situada al mediodía,
que actúa como cámara de descompresión. Desde allí, el visitante
se zambulle en la caverna pictórica, entrando en ella por lo que en su
día fue el presbiterio. Este simple hecho es la primera acción trans-
gresora que se realiza en el edificio, ya que sólo los encargados del
culto (sacerdotes o sacristanes) podían hacerlo cuando la iglesia
estaba en funcionamiento. Hacia occidente se despliegan los murales, una oscura explosión de color donde innumerables formas fósi-
les —animales y vegetales— emergen, luchando entre sí por el espacio, en tensión por existir. No hay equilibrio entre ellas ni obedecen a
ningún orden aparente. Es más bien pura vida emergiendo del caos.

Luego, la vista se dirige irremediablemente hacia la bóveda, en la
que la oscuridad está salpicada por puntos blancos que se corresponden con las constelaciones; también hay extraños animales alados en los cielos. Al fondo, el muro oeste exhibe el contraste entre
una zona de tonos claros con otra de granates y negros. Y cuando
el espectador se gira y fija la vista sobre el antiguo muro testero,
se encuentra con un enorme rostro trazado con líneas blancas y
con otro del color de la carne humana, con la boca abierta en grito
de denuncia profética. El rostro de líneas blancas emerge desde
el suelo pero tiene sus pies en el muro occidental, como si toda la

Vista general de la antigua iglesia al finalizar de las obras (2005);
a la derecha, la antigua sacristía, donde se sitúa la entrada.

nave del templo fuera su cuerpo, una suerte de raíz desde la que
emanara esta explosión de vida.

Este primer rostro blanco es el que Jesús Mateo llama *Tótem*, Cristo
o Dios. Efectivamente, es una figura todavía sin perfilar, con los brazos en alto, la mano derecha alzada, chorreando como si estuviera
mojada, como si tuviera en su mano el limo primigenio de la creación original. Junto a él, separado por una mancha azul que evoca
el agua, se encuentra el otro rostro —sólo cabeza y brazos— seña-
lando con una mano al tótem y sosteniendo en la otra un gallo —el
animal encargado de anunciar la salida del sol— decapitado. Resulta
obligado recordar que, en el boceto original, este muro estaba dedicado al encuentro de Jesús con Juan el Bautista en el río Jordán.
Las referencias a esos dos protagonistas son claras en las dos figuras:
por tanto, algo del proyecto inicial ha permanecido ahí, aunque velado.

Si continuamos el recorrido por la iglesia siguiendo un movimiento
contrario al de las manecillas del reloj, nos encontramos en primer
lugar con el muro septentrional. El lienzo que mira al norte es el muro
en donde Jesús Mateo comenzó a pintar, realizando en uno de los tra-
mos una escena del esquema original: Juan Bautista en el desierto. El

El muro oriental: el tótem.

El muro norte; detalle.

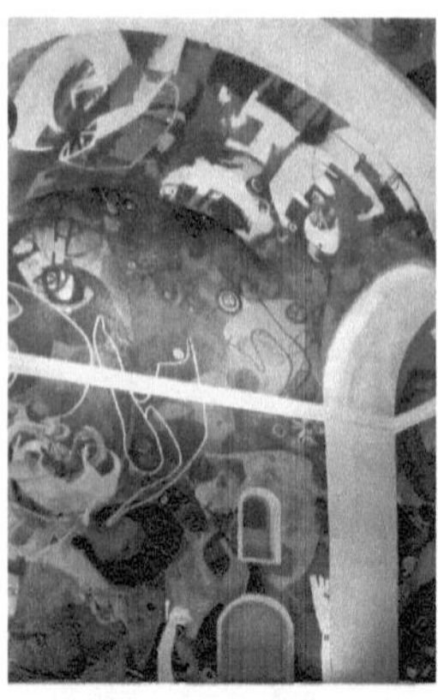 

El muro occidental; detalle.   La bóveda.

resultado no le convenció y por eso cambió el proyecto. Pero algunos fragmentos del dibujo original todavía permanecen allí, unas veces velados por dibujos sobrepuestos, otras transformados.

El pintor había leído en ese tiempo el libro de J.W. Schopf La cuna de la vida,[13] un relato que narra, de manera novelada, los hallazgos más importantes acerca de los primeros seres vivos de la tierra. Hasta qué punto ese texto llegó a influir en su obra, es algo difícil de precisar. En cualquier caso, organismos primitivos, reptiles y alas de insecto hacen su aparición, a la vez que mamíferos evocadores del páramo. El cordero joánico, recurrente en la iconografía cristiana, está entre las formas de vida que surgen allí. También es significativa la presencia en este muro de un árbol —Mateo lo llama *el Árbol de la Vida*— que prolonga sus ramas curvas, de tramo en tramo, por todo este lienzo. Como recuerda Mircea Eliade, «los mitos de la búsqueda de la inmortalidad o de la juventud ponen en primer plano un árbol de frutos de oro o de follaje milagroso, árbol que se encuentra 'en un país lejano' (...) y que está defendido por monstruos (grifos, dragones, serpientes)».[14]

Seguimos adelante. Según el libro del Génesis, Dios creó el mundo en seis días y el séptimo descansó. La tradición cristiana habla de

El muro sur; detalle.

un *octavo día*, el del tiempo inaugurado por Cristo tras su resurrección, un día que ya no tendrá ocaso.[15] El muro occidental —los antiguos pies de la iglesia, que en las iglesias medievales eran signo del mal y del demonio— es también aquí el lugar de la lucha entre ambos opuestos, entre la vida y la muerte. Del suelo emergen los pies del tótem. Sobre él, animales y figuras contorsionadas se enfrentan a una parte superior oscura y tenebrosa. Una línea que recuerda a un hombre o a un ángel asciende desde la zona de colores claros —acaso la vida— con un gesto de victoria hacia las tinieblas superiores.

En el primer proyecto, los paños que se encuentran al sur se reservaban para la vida de Jesús. A primera vista, parece que la primera intención cristológica ha desaparecido. Priman aquí los grandes animales, naciendo unos de otros, en una actitud más serena. Es como si ya el orden hubiera ido ganando terreno al caos y la muerte a la

Fernando Gallego, *El Cielo de Salamanca*, Salamanca, 1481/86; detalle.

vida. Sin embargo, la aparente ausencia del plan cristológico inicial no es más que eso: mera apariencia. Cuando menos lo esperamos, en uno de los lunetos superiores encontramos el rostro de Cristo, tomado de manera literal del que se venera en Jaén como Santo Rostro y que el pintor había visto en un cuadro de la casa del párroco.

Finalmente, la última intervención de Jesús Mateo en Alarcón se produjo en la bóveda. A la *tierra recién creada* le correspondían, también ahora, los *cielos recién creados*. Cielos mitológicos, zodiacales. El pintor recordó el *Cielo de Salamanca*, la bóveda celeste que Fernando Gallego ejecutó en el siglo XV en la universidad.[16] Luego realizó un estudio astronómico de las constelaciones, y finalmente buscó en el bestiario medieval los animales que simbolizan cada una de ellas. De esta forma, «los doce signos, los doce meses, el año natural, los cuatro elementos, la noche, el día, las constelaciones, los fetos, los embriones, las estructuras primarias, el Sol, la Luna, la muerte y la vida, están contenidas en la bóveda, y por extensión en todo el proyecto. Todo forma parte de esta urna pictórica en la que se desarrolla una idea específica del hombre, del paso del tiempo, de la perennidad».[17]

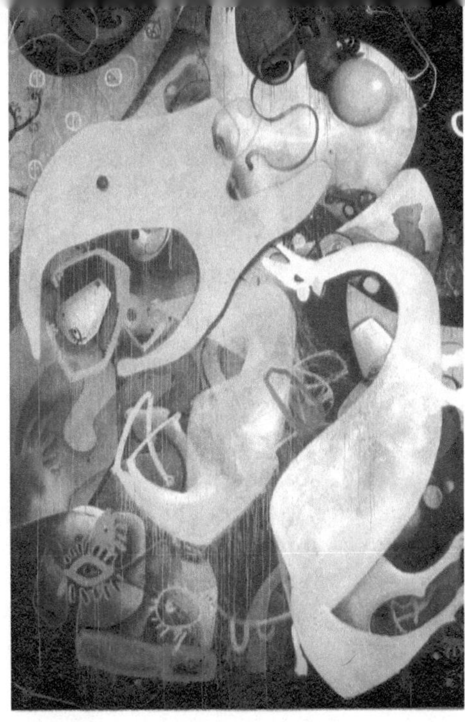

Animales fantásticos
en el muro norte.

DE LO SAGRADO A LO PROFANO, DE LO PROFANO A LO SAGRADO

Hemos subtitulado nuestro texto *De lo sagrado a lo profano, de lo profano a lo sagrado*. En esta frase se recogen dos afirmaciones contrapuestas.

Según la primera, las pinturas de Jesús Mateo suponen la constatación plástica —y por ello, sensorial— de la devolución del espacio en el que se plasmaron (una antigua iglesia) a una situación profana previa: la que tenía el edificio antes de su consagración. La iglesia de san Juan Bautista habría regresado así del reino de la gracia para el que fue construida, a un estadio anterior que podríamos denominar convencionalmente como reino de la cultura. Desde este punto de vista, lo único que habrían hecho las pinturas es ayudar a visualizar —manifestar— la desacralización que ya se había iniciado más de un siglo antes con la pérdida del uso litúrgico, con la eliminación de los elementos celebrativos y, posteriormente, con la ruina material del edificio.

Pero en la segunda afirmación se sugiere que en realidad las pinturas también han hecho una suerte de viaje de vuelta desde lo profano a lo sagrado. Un viaje que ha devuelto a los muros del templo una cierta capacidad de servir para aquello para lo que fueron levantados: acoger el misterio. Es verdad que en el ábside de Alarcón no vemos un Pantocrátor sino un tótem; es verdad que los personajes alados de la bóveda celeste no son ángeles sino fieras; es verdad que las pinturas de Mateo recuerdan más a los bestiarios románicos o a los jardines oníricos de Bruegel el Viejo o El Bosco que a la dulzura de los ángeles de Giotto o Fra Angélico. Pero también es verdad que el espacio conseguido por Mateo sobrecoge y plantea preguntas por lo que hay en el origen y en el destino de toda esa explosión de vida. Y esas preguntas, típicamente religiosas, son las que provocan el viaje de vuelta.

Por otra parte, todavía es posible dar un paso más en la valoración del conjunto mural. Hasta ahora, tan sólo nos hemos fijado en cómo afectan las pinturas a la condición sagrada —jurídica, aunque no fenomenológicamente, perdida— del espacio que ocupan. Hemos visto cómo afecta el contenido al continente. Pero ¿resulta indiferente que las pinturas de Mateo estén donde están? ¿Tendrían el mismo significado y producirían el mismo efecto en el espectador si se hubieran plasmado sobre lienzos o sobre las paredes —pongamos por caso— de un centro comercial o, incluso, de una iglesia contemporánea? La respuesta es un rotundo no.

Y esto es así porque al igual que ocurre con todos los fluidos y, en general, en el mundo del pensamiento —recuérdese el dicho escolástico *Quidquid recipitur, ad modum recipientis recipitur* (lo que se recibe, se recibe según la forma del recipiente), los muros del viejo templo de san Juan Bautista no son un soporte inerte. Sus medidas, sus proporciones, las perspectivas que se generan entre ellos tienen mucho que decir a las pinturas. Y cuando uno observa el conjunto, advierte que alrededor del caos de la vida emergente y en lucha que surge de los murales, esas pilastras, esos arcos, esas cornisas y bóvedas tienen una función ordenadora, aportan un sentido. Y la palabra *sentido* es la esencia de la religión.

La estructura, elemento que ordena el espacio.

Cuando Jesús Mateo pintó al tótem recorriendo todo el espacio de la iglesia, desde el testero hasta los pies, no buscaba nada más que poner su figura como llave del peculiar universo que había recreado, en el que él era el único ser humano. No tenía pretensiones de trascendencia; sin embargo, podemos pensar que este mismo hombre sí que tiene este valor, ya que es su otra dimensión. Karl Rahner ha defendido que el hombre es *el lugar* de Dios, el sitio donde habita.[18] El párroco de Alarcón lo sabía. Y por eso, este edificio, al ser pintado por Jesús Mateo, ha invertido su sentido primordial: ya no es el lugar que el hombre busca para encontrarse con Dios —que es para lo que fue construido—, sino que ahora es el lugar al que Dios desciende para encontrarse con el hombre.

La elegante y ordenada estructura del edificio herreriano, liberada por la pintura de la adherencia de sus paredes, se convierte en la nueva Jerusalén celestial, que desciende, bella y radiante, al mundo caótico y contradictorio de los hombres.

NOTAS

1   Cf. *Pintura Mural de Alarcón*, con acceso el 30/05/2016, http://muralalarcon.org.

2   AAVV, *Pinturas murales de Jesús Mateo en Alarcón. Vol. 1. El Noveno día de la Creación. Vol. 2. Ensayos y bocetos* (Madrid: La Fábrica, 2006). Contiene textos de José Saramago, Ernesto Sabato, Gustavo Bueno, Fernando Arrabal, José Antonio Marina, Francisco Brines, José Vidal Beneyto, Federico Mayor Zaragoza, Antonio López, etc. Entre ellos, tal vez el más interesante a nuestros efectos sea el del filósofo Gustavo Bueno Martínez, «Más allá de lo Sagrado: un análisis del proyecto del mural de Jesús Mateo», 81-115 (disponible on-line en *El Catoblepas* 122 (2012): 2, con acceso el 24/10/2014, http://www.nodulo.org/ec/2012/n122p02.htm.

3   Fernando Arrabal Terán, en AAVV, *El Noveno día*, 21.

4   Correo electrónico de Jesús Mateo a Esteban Fernández-Cobián, 18/06/2015. Archivo personal.

5   Texto manuscrito entregado por el párroco a José Luis Valverde Zarco (10/08/2010). Archivo personal.

6   Declaraciones del pintor a Juan Antonio Marina Torres, en *Ensayos y bocetos*, 53.

7   Sobre este tema, es interesante la lectura de las cartas y alocuciones que los últimos pontífices —Pablo VI, Juan Pablo II y Benedicto XVI— han dedicado a los artistas. Cf. por ejemplo, Pablo VI, «Volvamos, Iglesia y artistas, a la gran amistad», *Arte Religioso Actual* 1 (1964): I-IV; Juan Pablo II, *Carta a los Artistas* (1999), con acceso el 10/09/2013, http://www.vatican.va/holy_father/john_paul_ii/letters/documents/hf_jp-ii_let_23041999_artists_sp.html; Benedicto XVI, *Encuentro con los artistas* (21 de noviembre de 2009), con acceso el 10/09/2013, http://www.vatican.va/holy_father/benedict_xvi/speeches/2009/november/documents/hf_ben-xvi_spe_20091121_artisti_sp.html.

8   Juan Pablo II, *Carta a los Artistas*, 12.

9   Existen textos breves y notas de prensa acerca de la obra de Alarcón y de la presentación del libro «El Noveno día de la Creación». Pueden verse, por ejemplo, Jesús Cotillas Díaz, «Las pinturas murales de Alarcón de Jesús Mateo», *Añil* 17(1999):40-41; Virginia Hernández Rueda, «Los sueños a veces, se cumplen», *El Mundo* (12/11/2007), con acceso el 24/10/2014, www.elmundo.es/elmundo/2007/11/08/cultura/1194542344.html; Isabel Lafont Benzal, «Siete años en el andamio», *El País* (07/11/2007), con acceso el 24/10/2014, http://elpais.

com/diario/2007/11/07/cultura/1194390002_850215.html; o María Jesús Burgue-
ño Muñoz, «El Noveno día de la Creación. Pinturas murales de Jesús Mateo en
Alarcón», *Revista de Arte* (30/10/2007), con acceso el 24/10/2014, http://www.
revistadearte.com/2007/10/30/el-noveno-dia-de-la-creacion-pinturas-murales-
de-jesus-mateo-en-alarcon/.

[10] Correo electrónico de Jesús Mateo a José Luis Valverde Zarco (15/06/2010).
Archivo personal. Las mayúsculas son del propio Mateo.

[11] Según mons. Giancarlo Ravasi, Presidente del Pontificio Consejo para la
Cultura, algo parecido ha pretendido conseguir el primer pabellón para la Bienal de Venecia de la Santa Sede, titulado «En el Principio» (2013). Cf. *La Santa
Sede estrena pabellón en la Bienal de Venecia*, con acceso el 12/09/2013, http://
www.news.va/es/news/la-santa-sede-estrena-pabellon-en-la-bienal-de-ven.

[12] Juan Pablo II, *Carta a los Artistas*, 1.

[13] Barcelona: Crítica, 2000.

[14] *Lo sagrado y lo profano* (Barcelona: Labor, 1992): 128-129.

[15] Los Padres de la Iglesia consideraban como santo el número ocho. Signi-
ficaba para ellos la purificación del pecado, cosa que venía prefigurada por la
costumbre de la circuncisión al octavo día. Quería significar también la perfección, ya que Cristo anunció ocho bienaventuranzas como suma de la perfección
en la vida del cristiano. Pero, sobre todo, el ocho es el número de la resurrección, la cual tuvo lugar al octavo día, después del sábado (cf. San Ambrosio, al
Sal 118, pról. 2).

[16] Cf. José María Martínez Frías, *El Cielo de Salamanca* (Salamanca: Ediciones
Universidad de Salamanca, 2006).

[17] Extracto del diario de trabajo del autor citado por Marina en AA.VV., *Ensayos
y bocetos*, 65.

[18] Cf. AAVV, *El Noveno día*, 64.

LA ARQUITECTURA LITÚRGICA Y EL COSMOS

De Jean Hani a Le Corbusier

Publicado en: Esteban Fernández-Cobián, «L'architettura liturgica e il cosmo: da Jean Hani fino a Le Corbusier», en: VVAA, *Architettura, liturgia e cosmo, Actas del congreso* (Bose: Qiqajon, 2015), 135-152.
Esteban Fernández-Cobián, «De Jean Hani a Le Corbusier: la arquitectúra litúrgica y el cosmos», en: Antonio S. Río Vázquez (coord.), *Le Corbusier 2015-1965. Modernidad y Contemporaneidad* (Buenos Aires: Diseño, 2015), 88-109.

INTRODUCCIÓN

Durante el pontificado de Benedicto XVI (2005/13) se reabrió el debate litúrgico que se encontraba latente desde el final del Concilio Vaticano II. Poco antes de su elección como sucesor de Pedro, el cardenal Ratzinger había prologado el libro del teólogo inglés Uwe Michael Lang *Turning Towards the Lord. Orientation in Liturgical Prayer* (2004), en el que defendía que la orientación ritual es algo que el lugar de culto cristiano nunca debió perder, ya que es inherente a la oración cristiana.[1] En esta perspectiva, el libro del francés Jean Hani *Le symbolisme du temple chrétien*[2] (1962), olvidado durante varias décadas, pasa al primer plano del debate.

A lo largo del libro, Hani desarrolla desde diferentes enfoques la siguiente tesis: que el templo es en sí mismo, y antes de cualquier acción litúrgica que se pueda celebrar en su interior, una revelación divina. Pues así como la Iglesia, en cuanto entidad mística, *es la humanidad regenerada en Cristo*, el templo también *es la naturaleza regenerada*, el universo nuevo. Pero sólo lo será en la medida en que, por su misma estructura y construcción, muestre al Espíritu descendiendo sobre el desorden del mundo.

En este artículo explicaré los conceptos clave que el autor utiliza para reivindicar el simbolismo cosmológico de las iglesias, para luego cuestionar su validez actual. Veamos, entonces, cual es la argumentación de Hani.

¿TEMPLOS O LUGARES DE REUNIÓN?

Durante los dos últimos siglos se han ido perdiendo las referencias simbólicas en las iglesias, que además de *ecclesiae* también eran verdaderos templos. Sabemos que *ecclesia* significa lugar de reunión, en este caso de los fieles que alaban juntos a Dios creador; el papel que la arquitectura representa en estos edificios es el de un mero contenedor físico. Un templo, por su parte, es el lugar donde

Uwe Michael Lang, *Volverse hacia el Señor*, 2007 (2004).

Jean Hani, *Le symbolisme du temple chrétien*, 1962.

Jean Hani, *El simbolismo del templo cristiano*, 2008.

la presencia de Dios —de cualquier dios— entre su pueblo es más intensa; y el papel que se le atribuye a la arquitectura es el de hacer sensible esa presencia. En efecto; el objetivo de toda arquitectura sacra —de todo arte sacro, en general— es revelar la imagen de la naturaleza divina impresa en lo creado pero oculta en ello, realizando objetos visibles que sean símbolos del Dios invisible. Así, el arte cristiano debería ser como una prolongación de la Encarnación, del descenso de lo divino a lo creado.

Existe una creencia muy extendida entre los liturgistas contemporáneos según la cual una iglesia cristiana no es un templo, sino todo lo contrario. Que no es la Casa de Dios, sino solamente un lugar donde los fieles se reúnen para rezar. Desde este punto de vista, una iglesia no sería un objeto sagrado en sí mismo, ni debería ser proyectado de ninguna manera especial. Para los que sostienen esta teoría, el único templo verdadero es el templo espiritual constituido por la comunidad de los fieles.

Tal vez por eso hoy en día se construye arquitectura religiosa, pero
no arquitectura sagrada. Entre estas dos nociones existe una diferencia radical, no sólo un simple matiz. Desde la época romántica,
nuestra manera de entender la arquitectura para el culto ha estado
dominada por el sentimentalismo, el moralismo y el esteticismo, o
dicho de otro modo, por una visión individualista, historicista (más
bien anti-historicista) y literaria. Ahora bien, la verdadera arquitectura sagrada no es de naturaleza sentimental o psicológica, sino
ontológica y cosmológica.

En la arquitectura sagrada de todos los tiempos y culturas, el arquitecto nunca se deja guiar por sus propias inspiraciones; su trabajo
no consiste en expresar sus ideas, sino en buscar para su edificio
una forma perfecta que responda a prototipos sagrados de carácter
primordial. Dicho de otro modo, en buscar un contenido *objetivo*. Y
este contenido objetivo no es otra cosa que el conjunto de repre-
sentaciones que corresponden —en el campo de las formas sensibles— a leyes cósmicas que expresan principios universales. Así,
la estética se vincula con la cosmología y, por mediación de ésta,
con la ontología y la metafísica. «Este orden jerárquico determina
el carácter esencial del arte sagrado, que es el de ser simbólico, es
decir, el de traducir mediante imágenes polivalentes la correspondencia que relaciona entre sí los diversos órdenes de realidad, el de
expresar, mediante lo visible, lo invisible, y el de conducir al hombre
hacia éste».[3]

Fijémonos ahora en el siguiente párrafo: «Mediante la combinación
armoniosa de mil símbolos que se funden en ese símbolo total que
él mismo constituye, primero, y ofreciéndose como receptáculo a
los símbolos de la liturgia, a continuación, el templo forma, con esta
última, el más prodigioso hechizo que pueda preparar al hombre
para adquirir conciencia del descenso de la Gracia, de la epifanía del
Espíritu en la corporeidad».[4] El simbolismo de la liturgia existe, por
supuesto; pero es necesario aplicarlo sobre un símbolo previo, suma
de una pléyade de referencias cósmicas: ese símbolo es el templo.

Quisiera introducir aquí algunas observaciones personales. Podemos pensar, por un lado, que lo único realmente esencial en una

iglesia es el hecho ritual y jurídico de su consagración o dedicación. Yo mismo he afirmado en diversos lugares que cualquier lugar es apto para celebrar el culto divino, y que incluso la liturgia se puede celebrar al aire libre, sin una arquitectura concreta que la acoja.[5] Ahora bien, que gracias a su dedicación se pueda celebrar el culto en un determinado espacio, aunque éste sea imperfecto, no quiere decir que el culto se esté celebrando de la mejor manera posible, de modo que las vías sensibles de comunicación entre la criatura y el Creador estén completamente abiertas. De hecho, la arquitectura puede ayudar a que la Gracia se manifieste o también puede estorbar. La Gracia estará allí, sin duda, pero su percepción será facilitada u obstaculizada por la arquitectura, aunque también puede serlo por la actitud del celebrante, de los propios fieles, por la buena o mala conservación física de la iglesia, etc.

En segundo lugar, conviene recordar que la liturgia es esencialmente simbólica: todos los ritos lo son, también los sacramentos y la ordenación del año litúrgico. Su simbolismo no es gratuito, sino profundo, porque es cósmico, ontológico. Pero el hombre contemporáneo ha perdido su capacidad simbólica; nos hemos acostumbrado a que las iglesias sean sólo lugares de reunión y que la liturgia sea cada vez más sencilla, llegando incluso a lo trivial. Por eso, no resulta fácil comprender qué se quiere conseguir cuando se construye un templo.

Finalmente, pienso que nadie duda de que la arquitectura religiosa contemporánea deriva de la arquitectura monástica en su abstracción, su sobriedad y en el valor dado a la comunidad. Esto es algo comúnmente aceptado. Pero curiosamente, hemos ignorado la relación permanente que la vida monástica tiene con el cosmos, sin la cual su arquitectura no tiene sentido. No creo que este olvido haya sido algo consciente; simplemente, se nos ha pasado por alto. Pero opino que ésta es una de las causas —acaso la principal— del actual declive de la arquitectura cristiana. Tal vez sea necesario comprender el profundo simbolismo que encierran las distintas manifestaciones sensibles de nuestra religión para volver a vivirla en plenitud.

Sigamos ahora con la argumentación de Hani. Para nuestro autor, la pérdida de las referencias *simbólicas* de la arquitectura religiosa

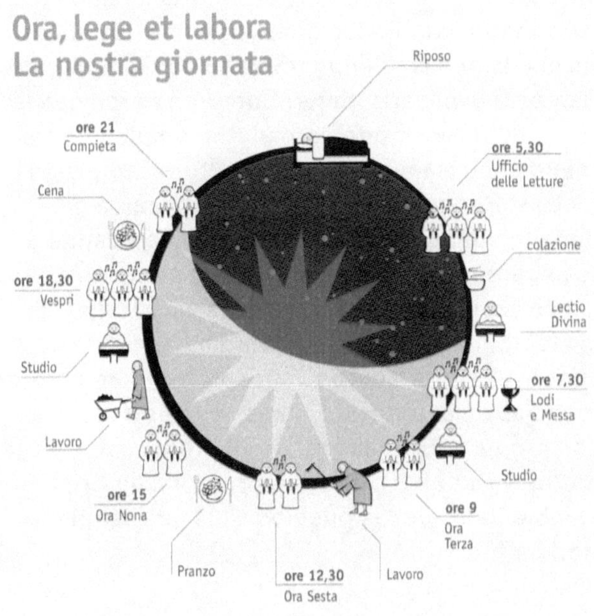

Horario de la Comunidad Monástica de Siloe, Grosseto (Italia), 2010.

cristiana tiene dos causas. La primera es la secularización de la sociedad, entre cuyos motivos se encuentra la generalización de la vida urbana, con su artificiosidad, su individualismo y su aislamiento de los ciclos de la naturaleza. La segunda es la arqueología teológica que, a partir del Movimiento Litúrgico, intentó recuperar para la iglesia-edificio su dimensión esencial de lugar de reunión, obviando todos los aspectos simbólicos por considerarlos ajenos al primitivo sentir de la comunidad cristiana.

Efectivamente, los primeros cristianos no poseían referencias cosmológicas para la construcción de sus lugares de culto: sólo referencias teológicas y escriturísticas. Fue en su expansión hacia

Occidente, al encontrarse con las religiones primitivas de tipo solar, cuando fueron descubriendo manifestaciones formales que encajaban perfectamente con la nueva religión revelada que intentaban difundir, y que servían para explicarla mejor. Comprendieron que la Revelación natural se produce de modo parcial e incompleto entre todos los seres humanos,[6] de manera que cada cultura capta algunas partes, pero no otras. Por eso, en su afán por explicar la plenitud de la Revelación efectuada en Cristo, fueron incorporando a sus lugares de culto aspectos simbólicos que no los contaminaban, sino que los hacían más explícitos. Las referencias escriturísticas, verdaderos símbolos teológicos, tomaron así forma cosmológica, y ayudaron a comprender cuestiones cuyos conceptos podían parecer oscuros a las inteligencias de entonces. Es más, la Iglesia siempre tuvo conciencia de su propia universalidad, de su propia catolicidad, que hacía imprescindible la inculturación de la doctrina de Cristo en las condiciones ambientales de los pueblos a los que se quería anunciar la buena noticia.[7]

LA RECUPERACIÓN DEL SIMBOLISMO COSMOLÓGICO

El simbolismo teológico y el simbolismo cosmológico

El simbolismo de las iglesias no es una cosa que los fieles cristianos desconozcan completamente. Pero es difícil que vean en ello algo más que bellas metáforas —por mucho que estén fundadas en la propia Escritura—, ya que su simbolismo profundo no se percibe claramente. Hani distingue dos tipos de símbolos: los intencionales o convencionales —las metáforas—, donde el sentido moral o espiritual aparece como algo añadido; y los esenciales, donde el sentido moral o espiritual aparece como algo intrínsecamente unido al símbolo, y es captado inmediatamente por la intuición. Pero Hani introduce todavía otra distinción más.[8] Entre los símbolos esenciales, fundados en la naturaleza misma de los objetos, hay unos de orden teológico y otros de orden cosmológico. Los teológicos no son fácilmente perceptibles como evidentes, porque nuestra concepción del mundo —nuestra cosmología— es cuantitativa e inconexa, no cualitativa y armónica como ocurría en Occidente antes de —digamos— Descartes. Por eso, para comprenderlos, hace falta recuperar los cosmológicos.

Estas observaciones llevan a Hani a definir de forma precisa el propósito de su obra: partiendo de los símbolos teológicos de la Escritura, tratar de encontrar los símbolos cosmológicos subyacentes, que unas veces afloran y otras, por el contrario, están profundamente enterrados, pero gracias a los cuales los primeros cobrarán toda su importancia y se nos mostrarán en todo su esplendor.[9]

Hablar de cosmología puede parecer extraño en un contexto académico. La astronomía es claramente una ciencia —la parte de la física que estudia los astros—; la astrología, por su parte, como disciplina que estudia la influencia de los astros en el comportamiento de las personas, se encuentra en el ámbito del esoterismo o la superstición. Pero la cosmología no sabemos dónde ubicarla. Diremos, pues, que es la parte de la astronomía que estudia la estructura, origen y evolución del universo considerado en su conjunto.[10] Por eso conviene dejar claro a qué cosa nos estamos refiriendo cuando hablamos de *orden cosmológico*. Se trata, simplemente, de estudiar el orden que subyace en las leyes geométricas que rigen el universo, leyes que ya fueron captadas intuitivamente por las religiones solares precristianas.

Dios, arquitecto

En el pensamiento religioso, «todo edificio sagrado es cósmico, es decir, está hecho a imitación del mundo».[11] Esto supone que la concepción del templo no se abandona a la inspiración personal del arquitecto, sino que viene dada por Dios mismo. Para la tradición arquitectónica judeocristiana, el templo se realiza según diversos arquetipos celestiales comunicados a los hombres por mediación de los profetas; así ocurrió con el Arca de Noé, el Arca de la Alianza, el Templo de Salomón o el Templo de la Jerusalén celestial. Para nosotros, tal vez sea difícil asumir que el origen del templo tenga que ser arquetípico o celestial, pero Hani no lo interpreta —ni mucho menos— como una inspiración divina que cae directamente sobre el arquitecto o sobre el comitente, sino que lo fundamenta en dos aspectos estrictamente arquitectónicos: la ordenación geométrica y la orientación ritual.[12]

Toda creación consiste en un proceso según el cual el espíritu penetra la materia informe; entonces el orden sucede al desorden. De la misma manera, cuando el arquitecto erige un edificio a partir de la materia bruta imita al Creador, a quien se ha llamado el Gran Arquitecto del Universo.[13] Hani está convencido de que, así como Dios creó todo «con peso, número y medida» (Sb 11, 20) según una estructura matemática, si un edificio quiere denominarse *sagrado* ha de responder a unas reglas objetivas de tipo matemático, como por ejemplo las leyes de la divina proporción.[14]

Pero no sólo es eso. Todo templo ha de ser también un *omphalos*, un centro del mundo donde Dios se asiente y desde el que el sacerdote pueda convocar en su nombre a las fuerzas que rigen el universo.[15] Para ello, su nave ha de diseñarse mirando hacia la salida del sol, cruzándola de norte a sur desde su centro (crucero) y levantando una vertical desde ese mismo punto (cúpula). El templo así trazado dibujará una cruz sólida que ordenará simbólicamente el mundo, y a la vez, será una imagen estructural del mismo, es decir, una figura que reproduce la estructura íntima y matemática del universo.

Hani concreta todavía más: «Toda arquitectura sagrada se reduce, en realidad, a la operación de la cuadratura del círculo o transformación del circulo en cuadrado».[16] En efecto, el círculo y el cuadrado son símbolos universales y primordiales. En el nivel simbólico más elevado —el metafísico—, representan la perfección divina, cada uno a su manera. El círculo y la esfera simbolizan la unidad ilimitada de Dios, su infinitud y su perfección. Por su parte, el cuadrado y el cubo —formas de todo cimiento estable— son imágenes de su inmutabilidad y de su eternidad. En un nivel simbólico inferior —el cosmológico— estos dos símbolos resumen toda la naturaleza creada, en su esencia y en su dinamismo. «Esta relación del círculo con el cuadrado, o de la esfera con el cubo, es realmente el fundamento de

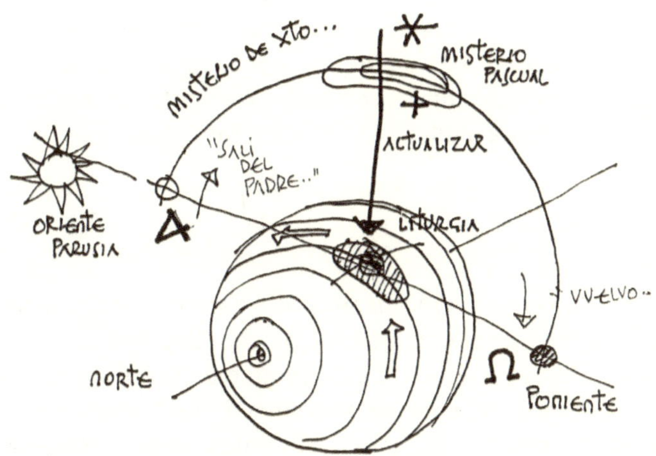

Fray Gabriel Chávez de la Mora, osb, esquema cosmológico para una iglesia, h. 2002.

la arquitectura sagrada, aquél a partir del cual se concibe y se realiza todo el edificio».[17] Según esto, el arquetipo celestial del edificio sagrado es un cubo rematado por una esfera. Además, la dimensión vertical es muy importante en el templo, porque es la dimensión natural de la oración: es la dirección simbólica por la cual Dios desciende hasta el hombre y el hombre asciende hacia Dios. Finalmente, el simbolismo celeste de la cúpula se refleja en planta en el semicírculo del ábside, que es el lugar que corresponde al Paraíso y a la Iglesia triunfante.[18]

Llegados a este punto, me gustaría decir una palabra acerca del carácter cósmico de la liturgia. En efecto, en los últimos tiempos existe una tendencia muy generalizada a entender la liturgia como un rito que celebra un grupo de personas alrededor de un sacerdote. Esto es así, pero sólo en parte. Si seguimos la clásica clasificación ternaria, la liturgia la celebra la Iglesia entera: la militante, la purgante y la triunfante. Tal como aparece en varias plegarias eucarísticas, el sacerdote convoca a una multitud de actores para alabar juntos a Dios, entre los que se encuentran los ángeles y las criaturas todas, también las inanimadas. Toda la creación alaba al Señor. Así pues, la liturgia es una actividad cósmica y la arquitectura debería reflejarlo. La manera más adecuada de hacerlo es mediante la orientación ritual.

La orientación ritual

Veamos ahora la siguiente afirmación: «La determinación de un centro y la orientación dan al edificio todo su sentido. Y esto es lo que nos permite justificar el simbolismo cósmico de la arquitectura».[19] La sacralización del mundo y del espacio se manifiesta claramente en la orientación del edificio sagrado. La orientación del orante hacia la salida del sol es una práctica muy antigua: el hombre espera que venga de Oriente la luz que le guíe. Tanto san Agustín como diversos profetas y escritores cristianos de los primeros tiempos hacen referencia a ello. La puerta de entrada se ubicará en el Occidente, de modo que al entrar por el lugar más oscuro, la nave de la iglesia se configure como un camino hacia la luz, hacia el lugar donde brilla el Sol divino. El diseño de la Iglesia simbolizará el paso de la casa oscura de los hombres a la casa luminosa de Dios.

Las *Constituciones Apostólicas,* que reflejan las costumbres cristianas más antiguas, imponían la orientación de las iglesias (II, 7). Santo Tomás de Aquino, por su parte, resume así las razones que la justifican: «Es conveniente que adoremos con el rostro vuelto hacia el Oriente: primeramente, para mostrar la majestad de Dios, que nos es manifiesta por el movimiento del cielo, que parte del Oriente; en segundo lugar, porque el Paraíso terrenal existió en Oriente y nosotros tratamos de volver a él; en tercer lugar, porque Cristo, que es la luz del mundo, es llamado Oriente por el profeta Zacarías, y porque, según Daniel, 'subió al cielo del cielo, al Oriente'; y en cuarto lugar, por último, porque en el Oriente es donde aparecerá en el último día, conforme a las palabras del evangelio de san Mateo: 'Como el relámpago que sale del Oriente y brilla hasta el Occidente, así será la venida del Hijo del Hombre'».[20] Y Hani añade: de esta forma, «el propio templo, paralelo al Ecuador, se desplaza con la Tierra y va al encuentro del Sol y del Oriente eternos».[21]

El mayor símbolo cosmológico del cristianismo es, sin duda, la ordenación del año litúrgico. Su objetivo es la santificación del tiempo. Todo nuevo año litúrgico se corresponde con el comienzo de la creación, y todo fin de año con el fin del mundo. Así, el año es un ciclo cósmico que reproduce, en su nivel, la duración total de nuestro mundo. Y por eso, alabar a Dios a lo largo de un ciclo solar completo no sólo supone vivir santamente durante ese tiempo, sino también santificar toda la duración del mundo. La liturgia anual se manifiesta así como un sacramento del tiempo, sin la cual el tiempo sería pura dispersión. Desde una perspectiva espiritual, el año litúrgico muestra que el tiempo es una de las formas que reviste la manifestación cósmica del Verbo divino, y nos permite *redimir al tiempo,* según la expresión de san Pablo (cf. Ef 5,16).

Cosmos, Escritura y rito

Hemos visto cómo toda arquitectura sagrada trata de convocar a la naturaleza en la adoración del Creador. Personalmente, no deja de maravillarme el hecho de que durante siglos —hasta la reforma litúrgica del Concilio Vaticano II—, al final de la Santa Misa se recitase el *Cántico de los tres jóvenes en el horno encendido* (Dan 3, 56-88). En este cántico se entiende la Misa como una celebración cósmica, no sólo local.

Las Escrituras contienen otras muchas referencias cosmológicas. Ciñéndonos sólo a la vida de Cristo, la estrella que guía a los Magos anuncia el nacimiento del Mesías; los elementos atmosféricos se someten a la palabra de Jesucristo; y los terremotos muestran el duelo de la tierra por la muerte del Hijo de Dios. Parece claro, por tanto, que el Señor es dueño de toda la Creación. Así lo refleja el Salmo 28 (Manifestación de Dios en la tempestad) cuando, en un bellísimo texto que une arquitectura y cosmos exclama: «Hijos de Dios, aclamad al Señor, aclamad la gloria y el poder del Señor, aclamad la gloria del nombre del Señor, postraos ante el Señor en el atrio sagrado. La voz del Señor sobre las aguas, el Dios de la gloria ha tronado, el Señor sobre las aguas torrenciales. (...) La voz del Señor retuerce los robles, el Señor descorteza las selvas. En su templo un grito unánime: «¡Gloria!» El Señor se sienta por encima del aguacero, el Señor se sienta como rey eterno» (Ps 28, 1-3, 9-10).

Podríamos seguir evocando pasajes bíblicos que hablan de que todo el universo está convocado en la alabanza del Creador. Por si acaso esto no fuera evidente para el fiel cristiano, la liturgia lo recuerda. ¿Por qué, entonces, no permitir que la arquitectura también lo haga? ¿Por qué no crear una arquitectura simbólica, sacramental, que facilite el acceso a los misterios de la fe?

Se me ocurren varias dificultades. En primer lugar, la carencia de pensamiento simbólico en la sociedad contemporánea, que ya hemos comentado;[22] segundo, el poco valor que tiene el simbolismo en general (aunque esto se va corrigiendo poco a poco y no es equivalente en todos los países); luego, el fenómeno de la desobediencia litúrgica; y finalmente, la ofuscación que, en temas litúrgicos, existe en la Iglesia católica tras el Concilio Vaticano II, sobre todo en lo que respecta a la cuestión de celebrar mirando al pueblo, y que ha constituido el núcleo central de la construcción de iglesias durante estos últimos cuarenta años.

LE CORBUSIER Y LA COSMOLOGÍA ARQUITECTÓNICA

Ahora bien. ¿Todo esto tiene algún valor hoy en día? ¿Nos dice algo? ¿Deberíamos volver a pensar simbólicamente? ¿Deberíamos volver a adoptar arquetipos celestiales a la hora de diseñar nuestras iglesias? ¿Hay algún arquitecto reciente que lo haya hecho?

El influjo del sol en el comportamiento humano ha quedado constatado por enésima vez en la exposición *The Weather Project*, realizada por Olafur Eliasson en la sala The Tate Modern londinense (16/10/2003-21/03/2004). Podemos encontrar referencias cósmicas

Olafur Eliasson, *The Weather Project*, exposición realizada en The Tate Modern, Londres, 16/10/03-21/03/04.

muy claras, por ejemplo, en la piedra de rutilo que fue traída expresamente desde la Luna por Armstrong, Aldrin y Collins, los astronautas del Apolo XI, para el sagrario del *Arka Pana*, en Nowa Huta (Polonia).[23] En esta misma línea se encontraría el proyecto de iglesia realizado por Mark Mills en 1967 para una posible estación espacial en el subsuelo lunar.[24]

Pero el arquitecto que más se ha aproximado a estas posiciones cosmológicas fue Le Corbusier, que aplicó muchas de las tesis que Jean Hani defiende en el libro que venimos comentando.[25] Escrito en 1962, el texto de Hani pasó relativamente desapercibido para los arquitectos eclesiales de la época, mucho más preocupados por la revolución litúrgica que se estaba gestando —y que estallaría tras la promulga-

Sagrario del *Arka Pana*, la iglesia de la Madre de
Dios, Reina de Polonia. Wojciech Pietrzyk y Jan
Grabacki, Nowa Huta (Polonia), 1967/77.

Mark Mills, *Doman Moon Chapel*, 1967.

ción en diciembre de 1963 de la constitución apostólica *Sacrosanctum
Concilium*— que por los invariantes simbólicos del templo.

Las razones que convierten la construcción de la arquitectura religiosa en un proceso sagrado en sí mismo habían sido casi olvidadas
cuando Le Corbusier recibió sus primeros encargos por parte de la
Iglesia católica y lo siguen estando en nuestros días. Basta compro-
bar, por ejemplo, cuantas iglesias proyectadas durante los últimos
cincuenta años respetan la orientación ritual. Pero Le Corbusier
construyó verdaderos *templos*, recuperando para la arquitectura
religiosa católica su dimensión cósmica, aquélla que convierte al
edificio sagrado en un descodificador del movimiento de los astros,
del significado de la luz solar o de las fuerzas telúricas que estructu-
ran la superficie terrestre. Le gustaba explicar que sus iglesias eran
«verdaderos edificios cristianos de 5000 años antes de Jesucristo».[26]
Paradójicamente, su desvinculación del discurso general de los
arquitectos y comitentes eclesiales —litúrgico y sociológico, pero
al fin y al cabo coyuntural— le llevó a encontrar en la consideración

Le Corbusier y Jose Oubrerie, Saint-Pierre, Firminy-Vert (Francia), 1964/2007.

Le Corbusier y Jose Oubrerie, Saint-Pierre, Firminy-Vert (Francia), 1964/2007; el movimiento del sol sobre la iglesia. Dibujo de Jose Oubrerie.

Le Corbusier y Jose Oubrerie, Saint-Pierre, Firminy-Vert (Francia), 1964/2007; los cañones de luz.

Le Corbusier y Jose Oubrerie, Saint-Pierre, Firminy-Vert (Francia),
1964/2007; la constelación de Orión como retablo.

de la religión católica como un culto cristocéntricamente solar, un
punto de apoyo muy firme para su arquitectura religiosa.

En la biblioteca de Le Corbusier se encuentran libros como *Les
Grands Initiés* (1889), de Édouard Schuré (que le había regalado su
maestro Charles L'Eplattenier), *Le soleil* (1958) de Etienne Lalou o
incluso *Le sacré et le profane* (1965), de Mircea Eliade. Aunque el libro
de Hani no esté entre ellos, lo cierto es que, a diferencia de sus con-

temporáneos, él aplicó muchas de sus ideas en el último de sus edificios sacros. Por eso, podemos suponer que lo conocía.

La iglesia parroquial de Saint-Pierre, en Firminy-Vert, que el maestro suizo dejó incompleta y que ha sido recientemente terminada por Jose Oubrerie (2007), es un mecanismo solar perfectamente engrasado que culmina la trayectoria del autor en Ronchamp y en la iglesia del convento de La Tourette, sus otras dos obras construidas para la Iglesia católica. Aparte de las referencias cosmológicas reflejadas en las abundantes notas y escritos del autor, existen infinidad de detalles en el propio proyecto que así lo manifiestan: su orientación canónica, la transición vertical desde la planta cuadrada hasta la cubierta circular a través de una superficie reglada, la centralidad matizada del altar como *axis mundi* anclado al terreno, los cañones de luz que manifiestan el movimiento del sol y que inciden en el altar exactamente los días de Pascua y Navidad, la formalización del retablo como la constelación de Orión perforada en el muro, etc.[27]

CONCLUSIONES

Hemos visto que Jean Hani estudia el simbolismo del espacio de culto cristiano con un enfoque muy sugerente, que podemos resumir ahora. El arte sagrado (o sacro) —dice— es uno de los vehículos del espíritu divino, ya que la forma artística permite asimilar directamente las verdades trascendentes y suprarracionales. La finalidad de este tipo de arte pasa por revelar la imagen de la naturaleza divina impresa en lo creado, generando objetos visibles que sean símbolos del Dios invisible. El arte concebido de esta forma posee un valor casi sacramental. En este sentido, una iglesia no es un monumento, ni su finalidad principal es la de reunir a los fieles. Una iglesia cristiana es, ante todo, *un santuario*, un templo, cuya finalidad es la de crear un ambiente que permita a la Gracia manifestarse mejor. Su simbolismo se explica no sólo en función de los elementos suministrados por la teología o la liturgia, sino también por su relación con el simbolismo universal, presente en todas las tradiciones religiosas, anteriores y posteriores al cristianismo.[28]

Pero ¿quién establece las condiciones celestiales para las iglesias? Nadie. Hani explica en su libro una serie de símbolos que, poco a poco, van acotando el campo de acción del arquitecto, haciendo que su proyecto se vincule con la tradición milenaria de construcción de templos. No habla de lenguajes ni de estilos, sino de símbolos. Además de la orientación y de la cuadratura del círculo, cita los símbolos de la puerta, la piedra, el altar, las luces sobre el altar, la influencia de la luz solar en el espacio, etc., referencias conceptuales —todas ellas muy sólidas— que ayudarán al arquitecto a encontrar la forma de su proyecto concreto, más allá de las condiciones episódicas que tenga que solucionar.

La religión cristiana requiere orden. Orden en el tiempo, en el culto, en los afectos, en las acciones. Un orden que permita profundizar en el conocimiento de Dios y de uno mismo. Es la gran enseñanza de la vida monástica. Asimismo, la regularidad de la incidencia de la luz del sol en un templo ayuda a que sus formas no sean arbitrarias. Durante los últimos tiempos las iglesias se han diseñado según las normas de la liturgia. Pero en realidad, salvo en planteamientos radicales como los de *Communio-Räume*, la liturgia permite ordenar el presbiterio y poco más. El cosmos, por el contrario, ordena toda la edificación. Pienso que un mayor ajuste entre arquitectura y cosmos ayudaría a disminuir el grado de indeterminación proyectual al que se enfrenta el arquitecto contemporáneo a la hora de proyectar una iglesia.

Con este libro, Jean Hani se propuso recuperar el simbolismo profundo arraigado en la cosmología. Y, ciertamente, uno se sorprende de la complejidad de sus referencias, de la cantidad de literatura que se ha volcado sobre el templo cristiano a lo largo de los siglos, y de cómo todas esas referencias han caído completamente en el olvido, haciendo casi imposible entender, no sólo el cómo, sino también la razón por la que se construyen las iglesias. La sacralización del espacio empieza por la orientación del edificio sagrado. Y este es, desde mi punto de vista, el aspecto que se debería retomar urgentemente en la arquitectura religiosa contemporánea.

NOTAS

[1] San Francisco: Ignatius Press, 2004.

[2] París: La Colombe. El libro se reedita periódicamente en España desde 1978, bajo el título *El simbolismo del templo cristiano*. La última edición en castellano es de J.J. Olañeta: Palma de Mallorca 2008.
Jean Hani (1917-2012) fue un profesor de civilización y literaturas griegas que, tras haber realizado sus estudios universitarios en literatura clásica y haber obtenido el doctorado con una tesis sobre la influencia de la religión egipcia en el pensamiento de Plutarco, fue contratado como profesor en la Universidad de Amiens. Allí fundó el «Centre de Recherches sur l'Antiquité Classique» y coordinó durante muchos años un seminario de historia de la religión griega. Después de su retiro se convirtió en un colaborador habitual de revistas como «Connaissance des Religions» y «Vers la tradition».

[3] Hani, *El simbolismo*, 13.

[4] Hani, *El simbolismo*, 13.

[5] Cf. por ejemplo, Esteban Fernández-Cobián, «Espacios temporales para la liturgia. ¿Evolución tipológica o disolución identitaria?», *Quintana* 9 (2010): 119-131; Idem., «Churches beyond building: spazi temporanei per la liturgia», en Giorgio della Longa et al. (eds.), *Architettura e liturgia nel Novecento. Esperienze europee a confronto. 6 Convegno Internazionale*, Lavis 2008, 112-129.

[6] Cf. Concilio Vaticano II, «Constitución dogmática *Dei Verbum* sobre divina revelación» $3, con acceso el 19/01/2015, www.vatican.va/archive/hist_councils/ii_vatican_council/documents/vat-ii_const_19651118_dei-verbum_sp.html.

[7] La lectura habitual que hacen muchos autores no cristianos —desde mi punto de vista, equivocada—, suele ser la inversa: que la religión cristiana asumió algunas expresiones formales de las religiones primitivas que iba encontrando a su paso, para adaptarse mejor a las costumbres de los pueblos que quería convertir. Esa lectura propiciaría un cierto sincretismo religioso que el Movimiento Litúrgico se habría propuesto eliminar. En cualquier caso, ese sincretismo es inevitable, y no depende de la teología, sino de la sociología. Véase, por ejemplo, el caso mexicano de la identificación de la diosa Tonantzintla con la Virgen de Guadalupe.

[8] Cf. Hani, *El simbolismo*, 13.

9 Hani, *El simbolismo*, 18.

10 Cf. *Gran Enciclopedia Larousse* (Larousse: Barcelona 1987), 2678.

11 Hani, *El simbolismo,* 25. El templo —sigue diciendo Hani en este mismo lugar— es una imagen del mundo porque el mundo es sagrado en cuanto obra de Dios. El templo hace explícita la imagen del mundo trascendente en Dios, el cual es la esencia constitutiva del cosmos.

12 Para algunos no resulta tan difícil admitir intervenciones divinas. Los dirigentes de la organización cristiana de origen mexicano La Luz del Mundo suelen explicar que Leopoldo Fernández Font, el arquitecto de su templo matriz en Guadalajara (1983/92), recibió una inspiración divina sobre la forma del edificio mientras dormía. La realidad es que el proceso fue mucho más prosaico. Tras estar obsesivamente trabajando por la noche, el arquitecto cuenta que se levantó por la mañana con la cabeza más clara, y fue capaz de dibujar el proyecto con rapidez. Sobre el Templo Internacional La Luz del Mundo véase «La Luz del Mundo. Datos estructurales», con acceso el 16/07/2016, http://lldm.org/es/templo-sede/datos-estructurales-templo.php.

13 La figura platónica del Dios geómetra no es ajena a la Escritura, que afirma: «Por la fe, moró Abraham como extraño en la tierra que le había sido prometida (…) pues esperaba la Ciudad asentada sobre cimientos eternos de la que Dios es arquitecto y constructor» (Hb 11,9-10). Esta imagen del Dios arquitecto, constructor tanto de la Ciudad espiritual como del mundo material, fue trasmitida por los pitagóricos a las organizaciones de constructores. En una miniatura que adorna una Biblia del siglo XIV, Dios aparece con un compás en la mano, trazando un círculo sobre el caos representado por las fauces de un dragón. William Blake lo muestra de una manera parecida en su lienzo «El anciano de los días» (1794); y sobre un pilar de Notre-Dame de París hay colocada una placa de hierro que procede de los *Compagnons* constructores, donde puede leerse la fórmula: «A la gloria del Gran Arquitecto del Universo», grabada encima de un pentáculo o pentágono estrellado, de la regla, el compás y la escuadra.

14 Estas reglas matemáticas no deben confundirse con las analogías numerales gratuitas que muchos arquitectos inventan para justificar sus proyectos. Siempre hay un número al que poder agarrarse: el tres de la Santísima Trinidad, la Sagrada Familia o de las virtudes teologales, el cuatro de los evangelistas o de las virtudes cardinales, el cinco de los mandamientos de la Santa Madre Iglesia, el seis de los días de la creación, el siete de los sacramentos, de los pecados capitales y de las virtudes correspondientes, el ocho de las bienaventuranzas, el nueve de los tipos de ángeles, el diez de los mandamientos, el doce de los apóstoles (once si excluimos al traidor) y de las tribus de Israel, el catorce de las estaciones del vía crucis, el quince de los misterios del Rosario (ahora son veinte), etc.

[15] En Hani, este asunto del *omphalos* no queda muy claro y necesitaría un mayor desarrollo, tal vez relacionado con las líneas de Hartmann, por ejemplo. Por eso no lo voy a tratar aquí.

[16] Hani, *El simbolismo*, 26.

[17] Hani, *El simbolismo*, 28.

[18] Cf. Hani, *El simbolismo*, 29.

[19] Hani, *El simbolismo*, 31.

[20] Citado por Hani, *El simbolismo*, 42.

[21] Hani, *El simbolismo*, 43.

[22] La profesora Soledad García Morales tuvo una intuición muy certera en este sentido cuando decidió crear en la ETSA de Madrid —aunque el título sea mejorable— su asignatura «La construcción del espacio religioso». Efectivamente, sin este trabajo previo de fomento de la *capacidad de pensamiento simbólico* es imposible realizar verdadera arquitectura sacra contemporánea (cf. Soledad García Morales, «La construcción del espacio religioso. Una experiencia docente en la Escuela de Arquitectura de Madrid», *Actas del Congreso Internacional de Arquitectura Religiosa Contemporánea* 2-I (2009): 108-129, con acceso el 16/07/2016, http://www.arquitecturareligiosa.es/index.php/AR/article/view/28.

[23] Cf. Esteban Fernández-Cobián, «Arka Pana: la iglesia de la Madre de Dios, Reina de Polonia», *Ars Sacra* 34 (2005): 95-101.

[24] Cf. Jaime Lara, «Visionaries or Lunatics? Architects of Sacred Space even in Outer Espace», en Karla Cavarra Britton, ed., *Constructing the Ineffable: Contemporary Sacred Architecture* (New Haven: Yale School of Architecture, 2010), 120-131.

[25] Otros arquitectos y estudiosos contemporáneos han utilizado, de manera más o menos directa, la cosmología como base proyectual de su arquitectura religiosa. Podemos recordar a Dom van der Laan o a Fray Gabriel Chávez de la Mora, o en un plano más teórico, a Soledad García Morales y a Steven J. Schloeder.

[26] Cf. Luis Burriel Bielza, «Des specialistes ont declare que c'etait une veritable eglise chretienne de 5.000 ans avant Jesus Christ!!!», *Boletín Académico* 1 (2011):

1-8. Sobre este aspecto de la arquitectura de Le Corbusier puede verse: Luis Burriel Bielza y Esteban Fernández-Cobián, *Le Corbusier. Proyectos para la Iglesia católica* (Buenos Aires: Diseño, 2015).

[27] Sobre esta iglesia, puede consultarse el descomunal trabajo desarrollado por Luis Burriel Bielza en su tesis doctoral titulada «Saint-Pierre de Firminy-Vert: el edificio como objet-à-réaction-poétique», defendida en la ETSA de la Universidad Politécnica de Madrid el 18 de marzo de 2010. Puede verse un resumen en «Fundación ARQUIA», con acceso el 16/01/2015, http://fundacion.arquia.es/files/public/media/fEF8Y4_SHcSWQHRindw7tSmfbRA/MzY4MDU/MA/pdf_concurso.pdf?profile=.

[28] Personalmente, pienso que la recuperación del simbolismo cosmológico podría ser un buen argumento ecuménico, un sólido punto de partida para comenzar un diálogo interreligioso.

SEIS AGITADORES

Promotores del arte sacro contemporáneo en la España del siglo XX

Publicado en: Esteban Fernández-Cobián, «Promotors de l'art sacre contemporani a l'Espanya del segle XX», *Quaderns de Vida Cristiana*, 254 (2015): 81-97.

INTRODUCCIÓN

En todas las religiones, la formalización del culto divino depende de muchos factores. Y en el caso del culto cristiano, ocurre lo mismo. Tal vez para un lector actual, el primero de todos estos factores sea el orden del rito, es decir, la liturgia. Pero esto no siempre ha sido así. A mediados del siglo XX y tras varios cientos de años de relativo abandono, la liturgia pasó, poco a poco y bajo la influencia del Movimiento Litúrgico, al primer plano de la discusión, relegando otras realidades muy vinculadas con el culto, como la tradición, el decoro, la arquitectura o el arte.

Se puede constatar cómo hasta el Concilio Vaticano II, el cuidado físico de la casa de Dios, su ornato y su dignidad, se entendían globalmente desde una perspectiva apologética, es decir, como elementos que tenían la virtualidad de acercar a los fieles al misterio de Dios. De ahí que la discusión sobre el papel del arte en el templo cristiano —una discusión que originó famosas polémicas, como la introducción del arte abstracto en la iglesia, el trabajo de los artistas ateos en el templo o la aceptación del arte de los pueblos primitivos (inculturación)— recorra buena parte del siglo XX.

Esta perspectiva empezó a cambiar con el pontificado de san Pío X, de modo que durante las décadas centrales del siglo XX (los años 30, 40 y 50) se dio un equilibrio entre liturgia y arte pocas veces visto en la historia. En 1932, Pío XI, había aprovechado la inauguración de la Pinacoteca Vaticana para aceptar oficialmente la introducción del arte moderno —de las vanguardias— en las iglesias, fijando también sus límites. Algunos años después, Pío XII, en su encíclica *Mediator Dei et hominum* (1947), ratificaba que cualquier lenguaje artístico era adecuado para dar gloria a Dios, si bien —tal como había hecho su antecesor— alentaba a los Ordinarios de los distintos lugares a mantenerse atentos para garantizar el respeto debido y no provocar turbación entre los fieles.

Pero tras el Concilio Vaticano II, la liturgia pasó a ser el único argumento válido para configurar el espacio de culto. Los liturgistas tomaron el mando, y bajo su *férrea* mano —me atrevería a decir—

hemos llegado hasta nuestros días. Así, el interés por el arte y la arquitectura sacra decayó, tanto dentro como fuera de la Iglesia, llegando al extremo de que la tradición milenaria del cultivo de la excelencia en los objetos que se refieren directamente a Dios y, por tanto, de su capacidad apologética, quedó anulada *de facto*. El padre José Manuel de Aguilar constataba, a principios de los años ochenta, cómo el arte sacro contemporáneo ya no le interesaba a nadie. A nuestros efectos más directos, podemos decir que, en general, hasta los años sesenta los promotores del patrimonio eclesial estaban comprometidos con el avance de las disciplinas artísticas, y después ya no. Después sólo existió la liturgia —entendida de un modo *sui géneris*, como muchos autores ya están empezando a poner sobre la mesa—, la acción social y, en el mejor de los casos, la conservación del patrimonio antiguo.

Este escrito pretende rendir un pequeño homenaje a aquellas personas que dedicaron buena parte de su vida al impulso del patrimonio eclesial en España durante el siglo XX. Personas que estaban convencidas de que a Dios había que dedicarle los mejores esfuerzos, entre los que se encuentran de un modo muy especial el arte y la arquitectura más característicos de cada momento histórico.

JOSEP TORRAS BAGES

Veamos, en primer lugar, el caso de Josep Torras Bages (1846/1916), un obispo que, además de su actividad apostólica, también se dedicó a la labor literaria; tanto es así que sus documentos pastorales son modelos de doctrina y de literatura. Escritor catalanista, fue miembro numerario de la Real Academia Catalana de Bellas Artes de Sant Jordi (1896) y de la Real Academia de Buenas Letras de Barcelona (1898); el lema de su obra, «Cataluña será cristiana o no será», está esculpido en la fachada del monasterio de Montserrat.[1]

Antes de ser nombrado obispo de Vich (Barcelona), Torras había sido, durante varios años, consiliario del Círculo Artístico de San Lucas, una cofradía de artistas cristianos fundada en Barcelona en

Josep Torras Bages (1846/1916).

1893, entre otros, por los hermanos Joan y Josep Llimona, Dionisio Baixeras, Enric Sagnier y Antoni Gaudí, como una escisión del Circulo Artístico de Barcelona.[2] Entre las diferentes actividades del círculo se pueden recordar la organización del *Primer Congrés d'Art Cristià a Catalunya*, celebrado en Barcelona en 1913. La ponencia de Torras, *Ofici espiritual de l'Art*, resume su pensamiento sobre el arte sacro, todavía impregnado en aquel momento de un notable medievalismo.

El Congreso Litúrgico de Montserrat (1915) se suele considerar como el de la consolidación del Movimiento Litúrgico en España.[3] Sus conclusiones se orientaron a fomentar la vida litúrgica y a extender el canto gregoriano entre los fieles, de modo que, según algunas fuentes, en pocos años Barcelona se convirtió en la ciudad del mundo en la que más gregoriano se interpretaba. La interacción entre monjes y artistas —una tradición en el monasterio benedictino de Montserrat— se prolongó en el tiempo y fue particularmente intensa cuando en el propio monasterio se formó el Grupo Abadía de Montserrat. Asimismo, en 1914 se empezó a publicar la revista *Vida Cristiana*, consagrada a temas litúrgicos y de arte sacro.

A Torras se le recuerda como un espíritu sensible para gustar el arte y hacerse comprender por los artistas. Como resultado de su intensa labor pastoral, en 1922 se creó el grupo *Amics de l'Art Litúrgic*, como una sección específica dentro del círculo que integraba a arquitectos, escultores, pintores y orfebres. Sus objetivos pasaban por extender el gusto por el arte litúrgico y velar por la dignidad del arte cristiano, procurando que se ajustase a las leyes generales del arte, a las prescripciones canónicas y a su función espiritual dentro del culto de la Iglesia. Las tres exposiciones que organizaron —1925, 1928 y 1930— incidieron en la inclusión del arte moderno en los templos, tal y como se había planteado en la Exposición de Artes Decorativas de París de 1925. Cada una de estas exposiciones contó con su correspondiente anuario, una idea que se retomaría algunos años más tarde.

Merecen un recuerdo especial las pinturas que el año 1900 Torras encargó a Josep María Sert Badía para la catedral de Vich, cuando éste contaba sólo con veinticuatro años de edad. Los óleos, realizados en París sobre grandes lienzos que se enviaron a España tras haber triunfado en el Salón de Otoño de París de 1905, desaparecieron cuando la catedral fue incendiada en 1936. Poco antes de su muerte, el pintor rehizo su propia obra, introduciendo cambios significativos.

El trabajo de Torras lo continuó el presbítero Manuel Trens Ribas.[4] Sin embargo, tras la guerra civil, las incipientes tentativas de integración entre arte y liturgia quedaron en suspenso. «El problema se presentaba difícil en verdad —escribía Juan Ferrando Roig en 1952—, y pronto se echó de ver que varios arquitectos no estaban suficientemente preparados para enfrentarse con él. (...) Una vez más apareció el arquitecto arqueólogo preocupado infantilmente por la unidad de estilo o proyectando falso medieval. Tampoco faltaron

Ignasi Mundó Marcet,
Retrato de mosen Trens (1972).

aquéllos que creían haber llegado para ellos la época del Renacimiento, levantando iglesias con cuatro siglos de retraso. Pero, gracias a Dios, también ha habido muchos que han sabido adaptarse sabiamente al lenguaje de nuestro tiempo».[5]

Una prueba de que en el país se había perdido la conciencia del problema —o, simplemente, de que había otros problemas mucho más urgentes que solucionar— fue la indiferencia con la que se acogió la Exposición Internacional de Arte Sacro, organizada en Vitoria por uno de los miembros del círculo, Eugenio D'Ors Rovira, entre el 22 de mayo y el 24 de julio de 1939, y comisariada por el arquitecto Santiago Marco Urrutia, presidente de la asociación para el Fomento de las Artes Decorativas (FAD) de Barcelona.[6] A pesar de que estuvieron presentes diversas abadías benedictinas europeas y que había proyectos de iglesias de los principales arquitectos del momento, su repercusión y su influencia posterior fueron prácticamente nulas.[7]

LUIS ALMARCHA HERNÁNDEZ

Hubo que esperar a la década de los años cincuenta para que se volviese a activar un debate abierto sobre el arte sacro en España, debate que en veinte años experimentó un crecimiento exponencial. Entre los responsables de esta tarea se encontró Luis Almarcha Hernández (1887/1974).[8] Personaje muy relevante en el ámbito eclesial y político de la España de mediados de siglo —fue Procurador en Cortes en la I Legislatura franquista (1943/46) y miembro del Consejo del Reino—, Almarcha fue un activo difusor de la doctrina social de la Iglesia. Dirigió desde 1914 la revista *La Lectura Popular*, y desde 1931 *El Pueblo*, órgano de la Federación de Sindicatos Agrícolas Católicos de la Vega Baja del Segura (Murcia).

Almarcha fue nombrado en 1956 presidente de la Junta Nacional Asesora de Arte Sacro. Sin duda se trataba de la persona idónea para desempeñar este cargo, ya que sabía apreciar la calidad y dejaba hacer.[9] En 1958 organizó en León la I Semana Nacional de Arte Sacro, y seis años más tarde, la II Semana Nacional de Arte Sacro (1964), que se acompañó con la exposición Eucaristía y Altar. Convocada con el objeto de reflexionar acerca de las implicaciones arquitectónicas y artísticas de la constitución conciliar sobre liturgia *Sacrosanctum Concilium,* esta Semana Nacional también fue la última reunión importante sobre la nueva arquitectura religiosa que se celebró en España.[10] En ella intervinieron prácticamente todos los intelectuales, artistas, arquitectos, representantes de órdenes religiosas, obispos, funcionarios del estado y representantes del gobierno que tenían algo que decir. Las actas del congreso, publicadas al año siguiente con el título *Arte Sacro y Concilio Vaticano II* (1965), recogen los temas que preocupaban en el momento.[11] De ahí salieron las primeras normas directivas de arte sacro que se elaboraron en nuestro país (1965).[12]

Para Almarcha, el arte sacro era algo más que artesanía sagrada, ya que la función de la artesanía no es crear formas nuevas, sino realizar correctamente las formas recibidas. Por eso, para la casa de Dios, Almarcha quería Arte con mayúsculas, donde hubiera ins-

Luis Almarcha Hernández (1887/1974).

Luis Almarcha, *Arte sacro, doctrina y normas* (1965).

piración y verdadera creación. Y la actividad artística —según él— había que considerarla en su triple dimensión ontológica, normativa y fenomenológica. La primera tenía que ver con su sacralidad, que le exigía nobleza en las formas y un prudente equilibrio entre lo material y lo espiritual; la segunda se refería a su finalidad, por lo que el arte sacro debería someterse a normas de carácter programático sin que ello atentase contra la libertad del artífice; y la tercera aludía a la vida y a la riquísima variedad de manifestaciones que ésta presenta. Sólo así el arte sacro podría servir de marco al encuentro entre Dios y los hombres.

La figura de Almarcha se suele vincular a la construcción del santuario de La Virgen del Camino, en León (1955/61), donde su *nihil obstat* permitió que las obras de Albert Rafols-Casamada, Josep Maria Subirachs Codina y Domingo Iturgáiz Ciriza se integrasen perfectamente en el edificio proyectado por fray Francisco Coello de Portugal Acuña.[13]

JUAN FERRANDO ROIG

Tras el paréntesis de Manuel Trens, el sacerdote, teólogo y arqueólogo Juan Ferrando Roig (1908/80) tomó el relevo, en Cataluña, de
la labor de difusión del arte y la arquitectura religiosos de la región
que, en otra época, había correspondido al obispo Torras Bages.
Lo hizo trabajando con la asociación para el Fomento de las Artes
Decorativas (FAD) de Barcelona, que en 1941 había creado en su
seno la Sección de Orientación Litúrgica. Y explicaba: «La finalidad
de esta Sección era y sigue siendo el dignificar nuestros templos
desde el punto de vista estético y litúrgico, preparando artistas y
profesionales con cursillos y exposiciones, y asesorarles particularmente en cuantas consultas formulen».[14]

Profesor en las universidades de Barcelona y Pontificia de Salamanca, el pensamiento de Ferrando Roig sobre el arte sacro está claramente dibujado en el texto introductorio de la publicación del anuario *Arte Sacro* (1957): el arte pertenece al artista.[15] Este anuario quiso
recuperar la costumbre de dar a conocer periódicamente las nuevas
propuestas que se estaban dando en España en el campo del arte
sacro. Preparado por un equipo de clérigos y arquitectos coordinado
por él mismo, se trataba de un ambicioso proyecto que, finalmente,
se quedó reducido a un solo número. Muy bien editado, con ilustra-
ciones en negro y en color, se le puede achacar un planteamiento del
problema un tanto localista, aunque cabe suponer que ese defecto
se iría subsanando en números sucesivos.

Además de algunas monografías sobre santuarios marianos, en
1950 escribió Iconografía de los santos, compendio de las consultas
sobre temas iconográficos enviadas a la Sección de Orientación
Litúrgica del FAD desde diversos lugares de la península durante
la década precedente. Antes del Concilio Vaticano II trabajó intensamente en la promoción de la dignidad del arte litúrgico y del arte
contemporáneo en las nuevas iglesias. Fruto de este trabajo fueron,
entre otras, las publicaciones *Normas eclesiásticas sobre arte sagrado*
(1940), *Arte religioso actual en Cataluña* (1952), *Simbología cristiana*
(1958) y *Construcción y renovación de templos* (1963). Resulta también

Juan Ferrando Roig,
Arte Sacro. Anuario 1957.

Juan Ferrando Roig,
Normas eclesiásticas sobre arte sagrado (1940).

Juan Ferrando Roig,
Arte religioso actual en Cataluña (1952).

muy interesante su comentario a la *Instrucción de la Congregación del Santo Oficio sobre el Arte Sacro* (1952).[16]

Matizando su pensamiento general expuesto más arriba, Ferrando opinaba que el arte religioso es una parte de la liturgia y del dogma, y que, por lo tanto, la Iglesia tiene derecho a dictar normas sobre él y a orientarlo. Pero por entonces —exactamente igual que ahora—, existían dos escollos que había que evitar a toda costa: «el plagio cómodo de estilos pasados y las aventuras más o menos caprichosas que tan bien cuadran en obras de carácter no religioso».[17]

En 1951 colaboró con el FAD en el montaje de la *Exposición de Arte Religioso*, con el objeto de responder a las orientaciones que Pío XII había expuesto en la *Mediator Dei,* cuatro años atrás.[18] El arte religioso estaba presentado allí «con el vestido de una modernidad contenida, aunque real».[19] El artista cristiano nunca podía comportarse como un divo engreído, atento sólo a su propia inspiración, sino que debía conjugar una humildad inteligente que asumiera las necesidades de la liturgia y de sus cánones, con el fomento de la piedad de la comunidad cristiana. Y concluía afirmando que la mayor satisfacción que puede experimentar un artista es que, a través de sus obras, la gente sea mejor y los cristianos, más cristianos.

Vocal de la *Comisión Nacional Asesora de Arte Sacro* (1956), las últimas noticias de su actividad se corresponden con la *Exposición Diocesana de Arte Litúrgico,* celebrada con motivo del *Congreso Litúrgico Diocesano* que se celebró en Barcelona en 1956,[20] así como a su participación en el coloquio que, con el tema *Arte abstracto y Liturgia* se celebró en el Ateneo Barcelonés el 7 de diciembre de ese mismo año, y donde el invitado de honor fue el abad Maurice Morel, capellán de los artistas de París.[21]

ALFONSO ROIG IZQUIERDO

Precisamente, el diálogo de la Iglesia con el arte abstracto fue un tema muy querido por Alfonso Roig Izquierdo (1903/87). Sacerdote

Alfonso Roig Izquierdo
(1903/87).

diocesano de Valencia (1926), en 1939 fue nombrado profesor de
Cultura Cristiana y Liturgia en la Escuela de Bellas Artes de San
Carlos (Valencia), donde tuvo como alumnos a importantes artistas
como Eusebio Sempere, Juan Genovés, Manuel Hernández Mompó,
Andréu Alfaro, Manolo Valdés o Juan de Ribera Berenguer. Tras
un breve periodo de estudio en Roma (1946/48), regresó a Valencia
como profesor de Arqueología Cristiana, Historia del Arte y Estética
en el Seminario Metropolitano.

Entre 1953 y 1955 amplió sus estudios de arte en París, donde estuvo
relacionado con la revista *L'Art Sacré*. Además, gracias a su amistad
con Nina Andreievskaya, esposa de Vassily Kandinsky, conoció a los
artistas más famosos de su época. En 1956 fue becado por el gobierno francés para estudiar la arquitectura religiosa moderna en Francia; de esta manera tuvo la posibilidad de viajar por varios países de
Europa, entre ellos Suiza e Italia. En 1958 recibió las *Palmes Academi-
ques*, y en 1960 una nueva beca para estudiar la arquitectura religiosa
moderna en Alemania. José Luis Fernández del Amo lo recordaba
como uno de sus interlocutores más comprometidos de esa época.
De hecho, podemos recordar sus colaboraciones con la *Revista
Nacional de Arquitectura, Cuadernos de Arquitectura* y *ARA*.[22]

En 1974 dejó la enseñanza y se dedicó a restaurar la ermita de
Luchente (Valencia), donde vivió hasta su muerte. En 1985 donó su

pinacoteca a la Diputación Provincial de Valencia; en ella se pueden
encontrar obras de Vasarely, Sempere, Julio González, Picasso,
Kandinsky y Millares, entre otros, todas ellas regaladas por sus autores, porque —aseguraba— «yo nunca he tenido dinero para comprar
estas cosas».[23]

El padre Roig Izquierdo publicó diversos ensayos de distinta extensión sobre arte contemporáneo: *El arte de hoy y la Iglesia* (1954); *La
pintura religiosa de Georges Rouault* (1959); *Julio González* (1960); *En la
muerte de Ángel Ferrant* (1961); *Picasso en Barcelona* (1962); o *Diálogo
de la Iglesia con el mundo moderno de la arquitectura* (1964). Desde
1981 se convoca un premio con su nombre.

JOSÉ MANUEL DE AGUILAR OTERMÍN OP

El importante cambio de mentalidad que se produjo en España con
respecto al arte sacro durante los años sesenta se debió en gran
medida a la tarea constante e incisiva del padre dominico José
Manuel de Aguilar Otermín (1912/92).[24] En efecto, este sacerdote
discreto, cordial, metódico y profundo, gracias a un contacto directo
y prolongado con las jóvenes promociones de artistas y de intelectuales, consiguió crear alrededor de la residencia aneja al convento
de Atocha —rehabilitado tras la guerra civil— un importante foco de
irradiación cultural en el Madrid de los años cincuenta.

Mucho tiempo antes de ocupar el cargo de director del Departamen-
to de Arte Sacro del Secretariado Nacional de Liturgia, Aguilar ya
había patrocinado los primeros ensayos del arte sacro de vanguardia
en España. En 1947 empezó a reconstruir en Madrid la Basílica de
Nuestra Señora de Atocha, incendiada en 1936. Aunque el envoltorio
se mostraba muy conservador, invitó a trabajar allí a diversos artistas que pudieran conjugar en sus obras una profunda inspiración
religiosa con una estética contemporánea. Con ellos colaboraron
estudiantes de arquitectura y de bellas artes, como Rafael de La-
Hoz, Manuel López Villaseñor, Ramón Lapayese, Carlos Pascual de

José Manuel de Aguilar Otermín op (1912/92), a la derecha, con el pintor Adolfo Winternitz y el arquitecto Luis Prieto Bances.

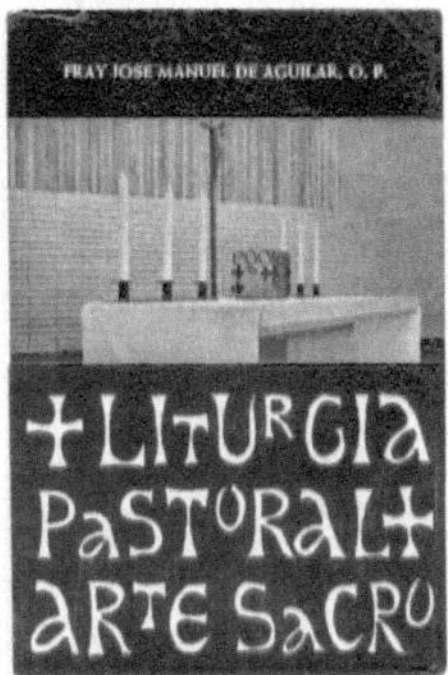

José Manuel de Aguilar, *Liturgia, pastoral, arte sacro* (1958).

José Manuel de Aguilar, revista *ARA. Arte Religioso Actual* (1964/81).

José Manuel de Aguilar, *Casa de oración* (1967).

Lara, Ramón Vázquez Molezún o Benjamín Mustieles. El denominador común en todas las intervenciones fue la sobriedad y la energía.

En 1955 creó el Movimiento de Arte Sacro (MAS), una iniciativa para el estímulo y orientación de artistas que buscaba enlazar arte e Iglesia. Dentro de este marco organizó coloquios doctrinales, concursos, exposiciones, publicaciones y ensayos experimentales.[25] En 1964 apareció la revista *ARA. Arte Religioso Actual*, cuya influencia se extendió por amplios sectores del clero español, haciéndolos más permeables a las formas del lenguaje contemporáneo.[26]

Su obra imprescindible —aunque acaso un poco tardía— fue *Casa de oración* (1967), en cuyo prólogo, José María Javierre relató su labor pastoral: «Yo he sido testigo de sus trabajos. Le he visto hace años rodeado de jóvenes estudiantes de arquitectura que hoy son prestigiosos arquitectos, de pintores en eclosión que hoy cuelgan sus cuadros en las mejores galerías del mundo; de escultores laureados ahora; de artesanos que hoy se pagan a peso de oro. Le he visto dialogar con ellos, orientarles, escuchar sus ilusiones, resolver sus papeletas personales, buscarles becas, casarlos, bautizar a sus hijos. Explicarles la liturgia y hablarles de una gran esperanza. Más, le he visto meterse con ellos en una furgoneta, y con la tienda de campaña en la baca acometer las carreteras de Europa y detenerse en iglesias y museos. Durmiendo al fresco, claro».[27]

En el artículo titulado *Síntesis informativa*,[28] que abrió la colección de la revista *ARA*, Aguilar abordó el mayor problema de la época: la iglesia de los suburbios. Luego se recordaban —sucesivamente— las iglesias de los nuevos pueblos y de los nuevos barrios, con la influyente labor de las comisiones diocesanas de liturgia, pastoral y arte sacro y de las comisiones mixtas con la administración; la labor ejercida por las órdenes religiosas, tanto en grandes conventos como en santuarios o capillas; los caminos que posibilitaron la obtención de resultados, especialmente el concurso; y el papel de la Iglesia como mecenas de las artes, facilitando la formación de equipos pluridisciplinares y una comprensión más exacta del problema icónico.

Aguilar apostaba por un arte sacro auténtico y genuino, que entendía como la pretensión de hacer eficaz el servicio de las artes. Desde

su punto de vista, la Iglesia necesitaba utilizar formas plásticas avanzadas para continuar proclamando su mensaje con fuerza.
De ahí surgía su afán renovador, que buscaba fórmulas externas, precisas y bellas para canalizar la transformación interior que se estaba operando en el catolicismo de la época, aunque defendía la pertinencia de apoyarse en criterios sólidamente objetivos y consideraba peligroso el camino de los gustos personales. En su opinión, los fundamentos de cualquier expresión artística que quisiera vincularse con el culto cristiano se encontraba en la multiforme y multisecular tradición de la Iglesia, según la cual unos contenidos permanentes se pueden expresar con formas artísticas variadas. La liturgia era el puente que enlazaba los contenidos teológicos con la expresión artística, y este encuentro —si era sincero— enriquecería a las dos disciplinas.

JUAN PLAZAOLA ARTOLA SJ

Finalmente, podemos afirmar que la reflexión teórica más amplia y sistemática sobre el arte sacro del siglo XX en España —aunque no tanto su promoción práctica— corrió a cargo del filósofo y teólogo jesuita Juan Plazaola Artola (1919-2005). Profesor e investigador universitario de vasto recorrido, Plazaola fue doctor en Letras por La Sorbona (1957) y en Filosofía por la Universidad Complutense de Madrid (1975). Enseñó Estética e Historia del Arte en la Universidad de Deusto (1968/89) y Estética en la Universidad Andrés Bello de Caracas (1969/70). Fue decano y profesor de la Facultad de Filosofía y Letras de los Estudios Universitarios y Técnicos de Guipúzcoa (1974/77) y su rector durante dos periodos.

Prolífico conferenciante y escritor erudito —citaremos, por ejemplo, *Iniciación a la Estética* (1973), *Futuro del Arte Sacro* (1978) o *Arte e Iglesia* (2001)—, se puede decir que su labor se centró en la fundamentación teórica del arte contemporáneo observado desde una angulación cristiana, y en el descubrimiento y puesta en valor de la producción religiosa de algunos de los mejores artistas contemporáneos.

Juan Plazaola Artola sj
(1919-2005).

Aunque en 1996 presentó el enciclopédico volumen *Historia y sentido del arte cristiano,* una obra de madurez que ha visto numerosas ediciones y ha sido traducida a varios idiomas, acaso su aportación más importante al debate que nos ocupa fue su libro *El arte sacro actual. Estudio. Panorama. Documentos.*[29] Editado en 1965 y reeditado póstumamente en 2006 con el título *Arte sacro actual* y alguna ampliación lógica, este texto constituye una suerte de compendio donde se repasan los principios de la sensibilidad estética del siglo XX, las condiciones técnicas de la creación artística, el carisma de la creación estética o el valor de la iglesia como lugar de la Epifanía. Mención aparte merece la amplia información sobre documentos eclesiásticos relativos al arte sacro, así como su exhaustiva crítica bibliográfica de alcance internacional.

Juan Plazaola, *El arte sacro actual. Estudio. Panorama. Documentos* (1965).

Juan Plazaola, *Arte sacro actual* (2006).

Durante la última etapa de su carrera, Plazaola se implicó mucho en la revista *Ars Sacra* (1996-2008) y promovió diversos eventos sobre el arte y la arquitectura religiosa contemporáneos en Latinoamérica, especialmente en México.[30]

CONCLUSIÓN

Otros prelados, teólogos, animadores eclesiales y mecenas artísticos participaron de múltiples formas en la promoción del arte sacro en la España del siglo XX. No ha sido mi intención citarlos a todos ni

analizar su labor con detenimiento. Una relación amplia de eventos
y de sus protagonistas —al menos para el periodo central del siglo,
el más intenso, como ya hemos apuntado— se encuentra en mi libro
El espacio sagrado en la arquitectura española contemporánea (2005).
Pero el campo no está cerrado, y en ocasiones, ni siquiera suficientemente roturado.

Entre los *agitadores* más recientes se encuentran personas que han
profundizado en el estudio del ingente patrimonio cultural acumulado por la Iglesia católica a lo largo de los siglos, pero que no
son, propiamente, impulsores de un nuevo arte destinado al culto.
Podemos poner como ejemplo el papel —en cierto modo, paralelo
al del Plazaola, aunque más específico y menos panorámico— des-
empeñado por el filósofo y religioso mercedario Alfonso López
Quintás (1928), prolífico escritor todavía en activo que fue discípulo
de Romano Guardini. O la labor de promoción del patrimonio cultural eclesiástico realizada por el padre Angel Sancho Campo (1930),
consultor de la Pontificia Comisión para los Bienes Culturales de la
Iglesia, miembro de la Comisión Mixta Iglesia-Estado para Asuntos
Culturales, colaborador asiduo en revistas especializadas y director
de las revistas *Patrimonio Cultural* y *Ars Sacra*, especialmente conocido por haber formado parte de la comisión delegada del Consejo de
Patrimonio Histórico para la puesta en marcha del Plan Nacional de
Catedrales (1997).

Como veíamos al principio, el deslizamiento de los intereses eclesiales desde el arte de vanguardia a la conservación del patrimonio
histórico tal vez haya sido uno de los factores determinantes para
que hayamos llegado a la actual situación de desconcierto o abandono en lo que se refiere a la dimensión apologética de las artes
destinadas al culto. En cualquier caso, la historia del arte sacro contemporáneo español todavía está por escribir. Confiemos que, con
el tiempo, vuelvan a surgir verdaderos impulsores del arte litúrgico,
y que los estudios sobre esta materia se multipliquen y se divulguen
de un modo adecuado.

NOTAS

1   Para una información general sobre Torras, cf. «Josep Torras i Bages», *Wikipedia*, con acceso el 16/07/2016, https://es.wikipedia.org/wiki/Josep_Torras_i_Bages.

2   Cf. Juan Ferrando Roig, *Arte religioso actual* en Cataluña (Barcelona: Atlántida, 1952), 13. «Fue un grupo de artistas que se separaron del Círculo Artístico [de Barcelona] por una cuestión moral, creyéndose en la necesidad de manifestar explícitamente su confesionalidad ante la manga ancha que en moral cristiana y en cosas de religión ostentaba el grupo del Artístico (...). La separación desencadenó una formidable campaña en los periódicos que los *llucs* aguantaron de firme» (Ibíd.).

3   Entre la abundante bibliografía sobre el Movimiento Litúrgico puede verse, por ejemplo, Manuel Garrido Bonaño, *Grandes maestros y promotores del Movimiento Litúrgico* (Madrid: BAC, 2008). Ferrando Roig, en su libro *Arte religioso actual en Cataluña*, establece la fecha de 1915 como el paso del modernismo a la época de la renovación litúrgica.

4   Torras escribió varios libros sobre arte y religión, como por ejemplo: *La eucaristía en el arte español* (Barcelona: Aymá, 1952); *Santa María. Vida y leyenda de la Virgen a través del arte español* (Barcelona: Eugenio Subirana, 1954); *El Hijo del Hombre. Jesucristo a través del arte español* (Barcelona: Editorial Pontificia, 1956); *S. Francesc i l'art contemporani* (Barcelona: Cercle Artístic de St. Lluc, sf.). Sobre su figura puede consultarse: Sílvia Coll-Vinent, ed., *Manuel Trens, liturgista, historiador, i amant de l'Art.* Barcelona: Universitat Ramon Llull, 2012.

5   Ferrando, *Arte religioso*, 18.

6   Sobre esta exposición puede verse Rubén Labiano Novoa, «Entre dos guerras, un grito en tierra de nadie. La Exposición Internacional de Arte Sacro de Vitoria de 1939», en eds. José Manuel Pozo Municio *et al., Las exposiciones de arquitectura y la arquitectura de las exposiciones. La Arquitectura Española y las Exposiciones Internacionales (1925-1975)* (Pamplona: T6), 2014), 395-400.

7   «La exposición como tal fue un éxito desde el punto de vista de la participación: once naciones, 327 artistas, 82 españoles y 245 extranjeros. Más de 1500 objetos expuestos que comprendían maquetas y planos arquitectónicos, altares, objetos de orfebrería, ornamentos, libros, pinturas, esculturas, fotografías, etc. Entre los arquitectos obras de Auguste Perret, Dominikus Böhm, Alberto Sartoris, Robert Kramreiter, Otto Linger, Fritz Metzger,... que en muchos casos presentaron obras conjuntamente con otros artistas plásticos y en algún caso específicamente

preparadas para esta exposición. Una austera capilla a escala natural y completamente equipada completa el conjunto. Su autor, el arquitecto Santiago Marco,
ostenta la Dirección de la Exposición» (Labiano, «Entre dos guerras», 396).

8 Para una información general sobre Almarcha, cf. «Luis Almarcha Her-
nández», Wikipedia, con acceso el 16/07/2016, https://es.wikipedia.org/wiki/
Luis_Almarcha_Hern%C3%A1ndez. Puede verse también Esteban Fernández-
Cobián, *El espacio sagrado en la arquitectura española contemporánea* (Santiago de
Compostela: COAG, 2005), 161-163.

9 Ya en su época como vicario capitular de Orihuela, fue conocida su polé-
mica amistad con el poeta Miguel Hernández, del que fue mecenas y protec-
tor. Cf. por ejemplo, Miguel Angel Nepomuceno Salcedo, «Luis Almarcha y
Miguel Hernández: la amistad peligrosa», *Miguel Hernández Virtual,* con acceso
el 24/07/2005, http://www.miguelhernandezvirtual.es/new/files/Actas_II_
Presentacion/14miguel.pdf (AAVV, *Presente y futuro de Miguel Hernández: actas
del II Congreso Internacional dedicado Miguel Hernández, Orihuela/Madrid, 26-30 de
octubre de 2003* (Orihuela: Fundación Cultural Miguel Hernández, 2004), 197-215).

10 Cf. Luis Almarcha Hernández, «Directrices del Capítulo VII de la Constitución
sobre Sagrada Liturgia», *ARA* 2 (1964): I-VI.

11 Cf. José María Fernández Catón (coord.), *Arte Sacro y Concilio Vaticano II*
(León: Junta Nacional Asesora de Arte Sacro/Centro de Estudios e Investigación
San Isidoro, 1965).

12 Cf. Luis Almarcha Hernández, *Arte Sacro. Doctrina y Normas* (León: Imprenta
Católica, 1965).

13 Cf. Esteban Fernández-Cobián (coord.), *Fray Coello de Portugal, dominico y
arquitecto* (Madrid: Fundación Antonio Camuñas/San Esteban, 2001).

14 Ferrando, *Arte religioso,* 19.

15 «El arte pertenece al artista», ed. Juan Ferrando Roig, *Arte Sacro.* Anuario
1957 (Barcelona: Ayma, 1957), 2-8.

16 Juan Ferrando Roig, «Instrucción de la Congregación del Santo Oficio sobre
el Arte Sacro», *Revista Española de Derecho Canónico* 21 (1957): 937-949.

17 Ferrando, *Arte religioso,* 21.

18 Las misma preocupación había movido a los organizadores de la *Esposizione
Nazionale di Arte Sacra,* celebrada en Roma con motivo del Año Santo de 1950.

[19] Ferrando, *Arte religioso,* 22.

[20] Cf. B.B., «Orfebrería litúrgica barcelonesa», *Arte Sacro. Anuario* 1957, 48-52.

[21] Cf. «Opiniones del abbé Maurice Morel», *Arte Sacro. Anuario* 1957, 75-76.

[22] Cf. Alfonso Roig Izquierdo, «Ante la nueva singladura de nuestro arte sacro», Revista Nacional de Arquitectura 200 (1958): 28-29; «Arte Sacro moderno en España», *Cuadernos de Arquitectura* 45 (1965): 6-7; «Las iglesias del Cardenal Lercaro», ARA 17 (1968), 84-97.

[23] Cf. Fulvia Nicolás Valencia, «Alfons Roig», *El País* (19/07/85), con acceso el 26/06/2015, http://elpais.com/diario/1985/07/19/ultima/490572004_850215.html.

[24] Cf. la nota necrológica «José Manuel de Aguilar, ex capellán del Rey», *El País* (06/02/1992), con acceso el 16/07/2016, http://elpais.com/diario/1992/02/06/agenda/697330801_850215.html.

[25] Cf. «España, 1950/65: el templo como convocatoria», en Esteban Fernández-Cobián, *El espacio sagrado en la arquitectura española contemporánea* (Santiago de Compostela: COAG, 2005), 147-184.

[26] Véase la tesis doctoral de Elena García Crespo «La revista ARA: arte religioso actual (1964-1981)» (Universidad Politécnica de Madrid, 2011), con acceso el 16/07/2016, https://serviciosgate.upm.es/tesis/tesis/6770, así como su reciente publicación en forma de libro: Elena García Crespo, *Los altares de la renovación. Arte, Arquitectura y Liturgia en la revista ARA (1964-1981)* (Madrid: San Esteban, 2015).

[27] «Introducción» en: José Manuel Aguilar Otermín, *Casa de oración* (Madrid: Movimiento Arte Sacro, 1967), 15.

[28] Cf. *ARA* 1 (1964): 10-34.

[29] Una amplia crítica a este libro se puede ver en la reseña de Alfonso López Quintás, «Comentarios a un libro de iglesias», Arquitectura 105 (1967): 48.

[30] Cf. por ejemplo, Juan Plazaola Artola, *El Arte Sacro ante el Nuevo Milenio* (Monterrey: Universidad de Monterrey, 2005). Juan Plazaola también formó parte del tribunal que juzgó mi propia tesis doctoral en la ETSA de la Universidade da Coruña el 17 de marzo de 2001, junto con Javier Carvajal Ferrer, Ángel Urrutia Núñez, Juan Miguel Ochotorena Elícegui y Joaquín Fernández Madrid. Desde estas líneas, mi gratitud.

EL ARCA DEL SEÑOR

Arka Pana: la iglesia de la Madre de Dios, Reina de Polonia

Publicado en: Esteban Fernández-Cobián, «El Arca del Señor. 'Arka Pana': la iglesia de la Madre de Dios, Reina de Polonia», *Ars Sacra*, 34 (2005): 94-101.

«La construcción de iglesias nuevas en Polonia representa una silenciosa epopeya que algún día será necesario historiar para que conozcamos los cristianos de Occidente el nivel de valentía y tenacidad alcanzado por nuestros hermanos polacos».[1]

NOWA HUTA

Durante los primeros años de la ocupación soviética de Polonia tras la Segunda Guerra Mundial, las autoridades comunistas decidieron construir una nueva ciudad industrial en el cinturón metropolitano de Cracovia. Se trataba de erigir la ciudad socialista perfecta, planificada como oficialmente atea: sería *la ciudad sin Dios*. La actuación tenía un profundo significado: se trataba de humillar a Cracovia, y por lo tanto, a Polonia entera. Porque Cracovia era la capital histórica, culta y refinada, universitaria y religiosa donde, entre otras cosas, se encontraban los panteones de los Reyes y de los hombres ilustres de Polonia; la ciudad monumental que se había salvado de la destrucción en numerosas ocasiones gracias a la tutela que había ejercido sobre ella el Imperio Austrohúngaro tras el reparto del país en 1795. En Nowa Huta (que significa Nueva Siderurgia), se construyeron unos altos hornos donde llegaron a trabajar más de cuarenta mil obreros procedentes de todos los rincones de Polonia.

Tadeusz Ptaszycki coordinó el equipo de arquitectos que realizó las construcciones más significativas. Para la ideología del socialrealismo soviético, el arte debía ser nacional en su forma y socialista en su contenido; por eso, como después de la guerra sólo se había conservado la Cracovia renacentista, se tomó el Renacimiento como estilo nacional polaco, y de esta forma se decidió edificar Nowa Huta. Las obras comenzaron el 23 de junio de 1949.

Pero no todo se pudo realizar como el *establishment* soviético pretendía. En 1960 comenzaron las manifestaciones de ciudadanos que demandaban la construcción de una iglesia para la ciudad; hubo muertos y heridos. ¿Qué estaba ocurriendo?

LA DEFENSA DE LA CRUZ

De todos los estados satélites de la antigua URSS, Polonia fue el único que pudo conservar una cierta continuidad en la arquitectura religiosa.[2] No obstante, los proyectos de edificación tuvieron que superar innumerables obstáculos, y muchos sacerdotes pagaron con su vida la osadía de desafiar al sistema. La iglesia de Nowa Huta —el Arca del Señor o *Arka Pana*, como se denominaría popularmente— se convirtió en todo un símbolo de la resistencia de la llamada *Iglesia del silencio* contra la imposición del ateísmo marxista. Sus promotores fueron dos: Karol Wojtyla, que entonces era obispo de Cracovia y que en 1978 accedería al papado con el nombre de Juan Pablo II, y Jozef Gorzelany, que en 1965 fue nombrado párroco de la ciudad.

Como señaló el cardenal Giovanni Battista Re en la presentación del libro *¡Levantáos! ¡Vamos!*, un rasgo que caracterizó a Karol Wojtyla durante toda su vida fue la valentía. Una valentía que le llevó a afrontar sin temor las situaciones más difíciles, haciéndolo por Dios y por el bien de los hombres.[3] Y precisamente, uno de los episodios más significativos de su coraje fue éste. El padre Werenfried van Straaten, que a través de la organización Ayuda a la Iglesia que Sufre recaudaba medios para realizar lugares de culto en la Europa del éste, consideraba la construcción de esta iglesia como «una de las actividades más arriesgadas que jamás se han llevado a cabo en un país comunista». Y le gustaba llamarla así: «un arca en medio del mar rojo».[4]

El propio Juan Pablo II relataba años más tarde: «El conflicto comenzó en un gran barrio residencial, en Bienczyce. Inicialmente, después de las primeras solicitudes, las autoridades comunistas concedieron permiso para construir la iglesia y asignaron también el terreno. La gente puso inmediatamente en él una cruz. Sin embargo, el permiso acordado en tiempos del arzobispo Baziak fue retirado y las autoridades decidieron que se quitara la cruz. La gente se opuso inmediatamente. Siguió incluso un enfrentamiento con la policía, con víctimas y heridos. El alcalde de la ciudad pedía que se 'calmara a la gente'. Este fue uno de los primeros episodios de una larga batalla por la libertad y la dignidad de aquella población, que el destino había llevado a la parte nueva de Cracovia».[5]

Vista aérea de Nowa Huta, con la iglesia en primer plano.

La cruz de madera que se venera junto al *Arka Pana*.

En efecto, ya como obispo auxiliar, Karol Wojtyla mantuvo una larga correspondencia con las autoridades con el objeto de obtener el permiso para levantar una iglesia. Una y otra vez la respuesta fue negativa, hasta que en 1958 el partido concedió, con reticencias, la licencia de obras. Se puso una cruz en el solar designado. La cruz era derribada por la noche, y una y otra vez, reaparecía semanas después. Mientras tanto, Wojtyla y otros sacerdotes celebraban la misa allí, a cielo abierto, en invierno y en verano, bajo la lluvia y la nieve o bajo un sol abrasador. Pacientemente, miles de personas hacían fila para comulgar, pero la tensión iba en aumento.

La situación estalló el 27 de abril de 1960, cuando las autoridades enviaron un bulldozer para retirar la cruz. Ese mismo día, el Ministro de Cultura y Artes, Lucjan Motyka, fue duramente increpado por los manifestantes que se concentraron frente al hospital donde se encontraba convaleciente; como él recordaría más tarde, Motyka estaba convencido de que las palabras de calma del obispo habían evitado un peligroso incidente de consecuencias impredecibles.

El 25 de diciembre de 1960, Wojtyla celebró la primera Misa del Gallo al lado de la cruz de madera, con una temperatura que rondaba los diez grados bajo cero. Le acompañó muchísima gente. Este gesto, repetido año tras año, constituyó un fuerte argumento en las negociaciones con las autoridades: los ciudadanos tenían derecho a participar en las celebraciones religiosas en condiciones más humanas que aquéllas.

Sin embargo, en 1962 el gobierno retiró definitivamente el permiso de construcción. Entonces comenzó el enfrentamiento directo entre el obispo y las autoridades comunistas. Fue una agotadora guerra de nervios, sobre todo con el jefe de la Oficina Provincial encargada de las cuestiones religiosas, un hombre «comedido durante las conversaciones, pero muy duro e intransigente en las decisiones que tomaba después y que denotaban un ánimo desconfiado y malévolo».[6] Wojtyla, tenaz y a la vez prudente, evitó choques sangrientos, pero mantuvo la protesta y la presión, hasta que en 1967 las autoridades permitieron a los obreros erigir la nueva iglesia; eso sí, la tendrían que levantar con sus propias manos.

El cardenal Wojtyla celebra la misa de comienzo de las obras el 14 de octubre de 1967.

El 14 de octubre de 1967, el recién creado cardenal Wojtyla celebró la misa que dio comienzo a la construcción de la iglesia. Se usó maquinaria muy rudimentaria, ya que ninguna empresa constructora fue autorizada a trabajar en el edificio. Don Karol acudió a la obra a trabajar de peón albañil, codo con codo con tantos voluntarios. Para que se sintieran involucrados en la construcción del templo, el párroco Gorzelany tuvo la feliz idea de pedir a cada uno de los fieles que llevara una piedra. El 18 de mayo de 1969 se colocó la primera, que provenía de los restos de la basílica constantiniana de San Pedro y que había sido expresamente bendecida por el papa Pablo VI. La construcción del *Arka Pana* se convertía así en un símbolo de la Iglesia universal.

Durante los diez años que duraron las obras, cada domingo se celebraban diez o doce misas al aire libre, alrededor de la cruz. A cada una de ellas asistía una media de cinco mil personas. Lo único que

Misa a pie de obra
(h. 1976).

El cardenal Wojtyla visita las obras
con el arquitecto Wojciech Pietrzyk
(h. 1973).

estaba cubierto era el altar. Según testigos presenciales, el ambiente que se respiraba era impresionante.[7] Para mayor dolor de los mandos políticos, la iglesia de Nowa Huta se estaba haciendo con un coste económico nulo: todos los gastos y la mano de obra los aportaban los obreros que trabajaban en las fábricas comunistas. El pueblo polaco había ganado esa batalla. Cuando en 1977, un año antes de ser elegido Papa, el cardenal Wojtyla consagró la iglesia de la Madre de Dios, dijo: «¡En Polonia no se puede luchar contra la religión en nombre de los trabajadores porque para el trabajador polaco, la religión es riqueza, luz, verdad y vida!».

EL ARCA DEL SEÑOR

El magnífico y extraño edificio concebido por Wojciech Pietrzyk, en realidad alberga tres iglesias superpuestas.[8] Cada una de ellas posee una entrada a distinto nivel y numerosas obras de arte enviadas desde todos los rincones del mundo, de modo que cada objeto, cada detalle, se convierte en un símbolo de la historia polaca y de su vinculación con la cristiandad. Así, por ejemplo, el cardenal Franz Köenig (que luego resultaría decisivo en el cónclave que eligió a Wojtyla como sucesor de Pedro), envió desde Viena el material que se utilizó para construir la gran cruz exterior; por su parte, los cristianos holandeses regalaron siete campanas, que más tarde se colgaron de un largo soporte dispuesto sobre la escalinata de acceso al templo, etc.

Pietrzyk había propuesto una iglesia de formas blandas, que además de contrastar con la retícula uniforme de la ciudad, recordaba al Arca de Noé. Una metáfora perfectamente comprensible para la gente que, como había ocurrido con el diluvio, quería sobrevivir a la opresión del comunismo. El ingeniero Jan Grabacki se encargó de calcular la estructura.[9]

El mástil de sesenta metros de alto donde se colocó una corona real sostiene la malla tridimensional de acero que conforma la cubierta; una cubierta que flota ingrávida, aparentemente sostenida tan solo

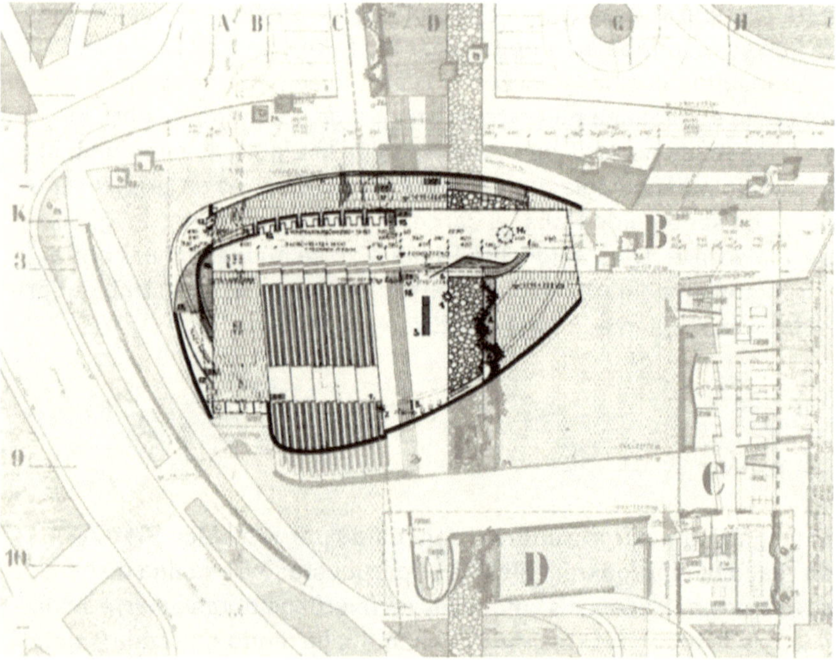

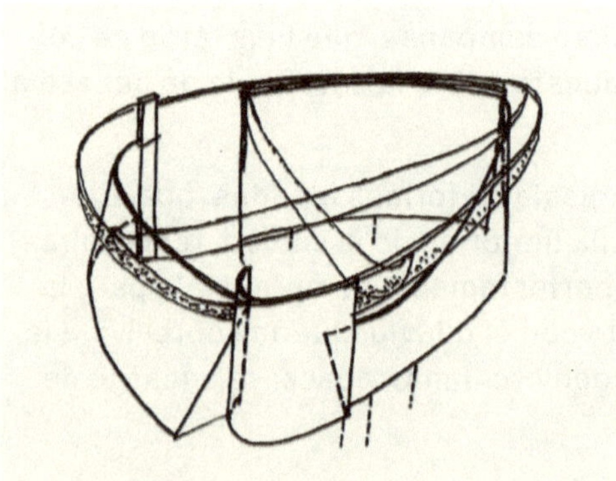

Wojciech Pietrzyk y Jan Grabacki, *Arka Pana*: iglesia de la Madre de Dios, Reina de Polonia, Nowa Huta (Polonia), 1967/77; planta baja.

Esquema volumétrico de la iglesia.

Vista de la nave principal hacia el presbiterio.

El mástil con la cruz y la corona real, sostiene la estructura de la cubierta.

Antoni Rzasa, *San Maximiliano Kolbe, mártir de Auschwitz*, h. 1980.

Bronislaw Chromy, *Z zycia do zycia (De la vida a la vida)*, 1977.

Detalle de la fachada, donde
se pueden apreciar los miles
de cantos rodados que fueron
colocados a mano.

Presbiterio de la iglesia, con
el altar realizado en mármol de
Carrara y el sagrario esférico.

Detalle del techo.

por la luz rasante que penetra en el templo a través de las ranuras
que existen entre ella y los paramentos de cierre. Las fachadas del
edificio son láminas curvas de hormigón armado que se recubrieron
con miles de cantos rodados, colocados uno a uno sobre una capa
de mortero dispuesta sobre el hormigón.

Ya que no se preveían más permisos para construir nuevos templos
en la ciudad, la iglesia se pensó para que pudiera acoger cuatro
parroquias distintas. «Los equipos parroquiales funcionan bajo una
coordinación programada, y están ensayando una fórmula pastoral
de convivencia en la misma única iglesia. También desde este punto
de vista, 'la iglesia del cardenal Wojtyla' ofrece sugestivo interés».[10]

En la entrada a la capilla de la reconciliación, situada en la parte más
baja, al oeste, se alinean distintos grupos escultóricos realizados en
madera por Antoni Rzasa:[11] la Piedad, la Piedad de la Westerplatte,
la Piedad del réquiem, la Piedad de la Tierra Polaca, la Piedad de
Auschwitz, la Piedad de Varsovia agonizante, Cristo crucificado y
María Magdalena, y san Maximiliano Kolbe, así como una imagen de
la Virgen María realizada con balas de cañón procedentes del campo
de batalla de Montecassino (Italia).

La fachada sur tiene dos entradas: la baja, por la que se accede a
una capilla de adoración perpetua situada debajo del presbiterio, y
la alta, que da acceso a la iglesia propiamente dicha. El interior de la
nave principal está presidida por un impresionante Crucificado de
casi ocho metros de alto, obra de Bronislaw Chromy, que lleva en el
pecho el escudo de Polonia. Titulado por el autor *Z zycia do zycia* (*De
la vida a la vida*), fue fundido con la metralla de las heridas de los sol-
dados polacos, recogida y enviada desde todas las partes del país.

El resto del equipamiento litúrgico también es interesante. Bajo el
altar, realizado con un gran bloque de mármol de Carrara, se guar-
dan las reliquias de san Estanislao, procedentes de la catedral del
Wawel, en Cracovia. Detrás, se encuentra el tabernáculo, una pieza
que simboliza el cosmos como morada de Dios, donde está encas-
trado el pequeño cristal de rutilo que trajo desde la Luna el equipo
de astronautas del Apolo XI, Armstrong, Aldrin y Collins.

Fachada oeste.

Asimismo, el techo de la nave se revistió con infinidad de tablillas de madera, que le dan al espacio un carácter cálido y acogedor. No deja de resultar sorprendente cómo se ha conseguido integrar en un mismo espacio piezas de vanguardia, el icono de Jasna Gora o la imagen de la Virgen de Fátima, y a la vez, lograr una amplia aceptación popular.

Por la fachada norte se accede a una tribuna donde se encuentra el estremecedor vía crucis de Auschwitz (Mariusz F. Lipinski, 1980/83). Finalmente, la conexión del cuerpo de la iglesia con las dependencias parroquiales sirve de ubicación a un presbiterio para celebraciones al aire libre.

En los años siguientes a su consagración, esta iglesia siguió siendo uno de los principales símbolos de la resistencia de Polonia. Durante el estado de excepción que se decretó en 1981, en los alrededores del *Arka Pana* se desarrollaron enfrentamientos entre la Milicja (la

Disturbios alrededor del *Arka Pana* (1981).

policía del régimen) y la gente de Nowa Huta. Habitualmente, estos altercados tenían lugar después de las concentraciones que se celebraban para rezar por la liberación de la patria del yugo del totalitarismo. Para recordar estos hechos se erigió un pequeño monumento dedicado a las víctimas del estado de excepción, que se encuentra exactamente en el lugar donde mataron al obrero Boguslaw Wlosik.

Durante la misa que celebró en la vecina abadía cisterciense de Mogila, en su primera peregrinación a Polonia (1979), Juan Pablo II se refirió varias veces a la historia de la construcción del *Arka Pana*, la iglesia de la Madre de Dios, Reina de Polonia. Y es que, como decía el antiguo embajador de España cerca de la Santa Sede, Joaquín Ruiz-Giménez, tal vez allí esté la mejor imagen, hecha templo, de la ilusión pastoral del sacerdote, obispo y Papa, Karol Wojtyla.[12]

NOTAS

1   José María Javierre Ortas, «Nowa Huta, el hermoso templo del cardenal Wojtyla», *ARA* 58 (1978): 105.

2   Andrzej Choldzynski, «Foison d'eglises», *Techniques et Architecture* 405 (1992): 82-87.

3   Cf. «Intervención del Cardenal Giovanni Battista Re en la presentación del nuevo libro del Santo Padre Juan Pablo II (18/05/2004)», con acceso el 13/06/16, http://www.vatican.va/roman_curia/congregations/cbishops/documents/rc_con_cbishops_doc_20040518_present-alzatevi-andiamo_sp.html.

4   Cf. «Ayuda a la Iglesia Necesitada», con acceso el 25/06/05, www.ain-es.org.

5   Juan Pablo II, *¡Levantáos! ¡Vamos!* (Barcelona: Plaza y Janés, 2004), 77-78.

6   Loc. cit.

7   Cf. M.A. de R.G. [María Amelia de Ruiz-Giménez], «Nowa Huta-Polonia», ARA 41 (1974): 108.

8   Sobre esta iglesia pueden verse, entre otras, las siguientes monografías: Józef Gorzelany, *Arka Pana* (París: Éditions du Dialogue, 1988); Marian Kordaszewski, "L'Arca del Signore". *Guida della storia e dei simboli* (Cracovia: Tyniec, 2002 [1995]); y Julianne Cassidy, *Arka Pana: The Church In The City Without God,* Dissertation en la University Of Westminster London UK (School-59), 2011; Jan L. Franczyk, *Na fundamencie krzyza. Kosciól w Nowej Hucie 1949-1989 Nowa Huta* [En la cruz de tierra. La Iglesia católica en Nowa Huta durante los años 1949-1989] (Cracovia: Rafael, 2004).

9   Cf. Wolfgang Jean Stock, *Architectural Guide. Christian Sacred Buildings in Europe since 1950* (Munich: Prestel, 2004), 290-291.

10   Javierre, «Nowa Huta», 107.

11   Sobre Antoni Rzasa puede verse, por ejemplo: Jean-Pierre Thibaudat, «La forêt de Christ d'Antoni Rzasa», *Liberation*, 02/10/2004; crónica de la exposición realizada en el Centro Cultural de la Abadía Real, Fontevraud (Francia), 2004.

12   Cf. Joaquín Ruiz-Giménez Cortés, «Juan Pablo II, en mi recuerdo y en mi esperanza», *ARA* 58 (1978): 104.

DECIO TOZZI, UN ARQUITECTO EN LA SOMBRA

Publicado en: Esteban Fernández-Cobián, «Decio Tozzi, un arquitecto en la sombra», *DPA. Documents de Projectes d'Arquitectura* 30 (2014): 82-91.

INTRODUCCIÓN

«La luz es la naturaleza que penetra la arquitectura; y cuando lo hace, pierde su voluntad propia y pasa a ser un instrumento de la creación de los espacios para la vida humana».[1]

Hace algunos años tuve ocasión de coincidir en Pavia (Italia) con Decio Tozzi (São Paulo, 1936). Recibía un premio por su *Capela da Facenda Veneza* (2002). Durante la cena entablamos conversación, y pude descubrir en él a un excelente arquitecto con una obra totalmente desconocida para mí.

Es un hecho que pocos arquitectos brasileños han conseguido liberarse de la alargada estela de Óscar Niemeyer y ser reconocidos fuera de su país. Tozzi era consciente de este handicap pero no se resignaba a que su obra quedase oculta. Ya entonces me sugirió que visitase su página personal, recién creada. Unas semanas más tarde recibí la monografía que acababa de publicar.

Apoyándome en la escasa bibliografía existente, en este artículo pretendo revisitar la obra de Decio Tozzi y aventurar alguna de las razones por las que apenas ha sido divulgada hasta ahora.

BIBLIOGRAFÍA SOBRE DECIO TOZZI: UN ARQUITECTO EN LA SOMBRA

Empecemos por constatar algo muy general: Decio Tozzi es un arquitecto poco conocido. Una simple ojeada al capítulo dedicado al siglo XX en la voz de Wikipedia «Arquitetura no Brasil», revela su invisibilidad.[2] Tozzi pertenece a la segunda generación de la arquitectura moderna brasileña, y se puede pensar que al participar de los modos de trabajo de la primera, se habría quedado, historiográficamente hablando, a contrapié. Pero si hacemos la misma operación con la voz «Universidade Presbiteriana Mackenzie», la escuela en la que, como veremos, estudió y luego fue profesor, el resultado es el mismo.[3] ¿Qué ha pasado, pues, con Decio Tozzi?

Decio Tozzi durante la entrega del IV Premio Internazionale di Architettura Sacra *Frate Sole*, Pavia (Italia), 2008.

Es claro que su obra ha sido publicada en pocas revistas internacionales; y aunque aparece citada en varias publicaciones generalistas, no se puede decir que hasta el momento haya tenido demasiada fortuna crítica. Recientemente han empezado a aparecer artículos que contemplan parte de su obra, pero es necesario buscarlos expresamente.[4]

Hasta la fecha, la mayor fuente de información que existe es la monografía *Arquiteto Decio Tozzi* (São Paulo: D'Auria, 2005), preparada por él mismo, aunque ya veinticinco años atrás habían aparecido dos monografías parciales en revistas de arquitectura brasileñas.[5] Su web personal, si bien coincide con la monografía hasta el año 2005, ha seguido incorporando nuevos proyectos desde entonces.[6]

Una fuente no desdeñable de información la tenemos en las páginas web de arquitectura de amplio espectro. La chilena *Plataforma arquitectura* tiene una sección dedicada a Decio Tozzi. En *ArchDaily* y en *ArchDaily-Mexico*, algunas de sus obras se reseñan dentro de la sección de *Clásicos*. En *ArcoWeb* se pueden encontrar varias obras, así como una entrevista al arquitecto. En *Urbarama* están geolocalizados la Capela Veneza y el *Forum Trabalhista* Ruy Barbosa. Incluso en *Youtube* podemos acceder a la entrevista que el popular presentador de televisión Ronnie Von, le hizo en 2011 para hablar de la arquitectura y el urbanismo de la ciudad de São Paulo.[7] A pesar de todo, Decio Tozzi sigue siendo un arquitecto que se encuentra en la umbría mediática.

Digamos ahora una palabra sobre la arquitectura paulista y su historiografía. La identificación de los conceptos *arquitectura paulista*, *escuela paulista* y *arquitectura brutalista paulista* sigue siendo una cuestión problemática.[8] La mayor parte de los críticos tienden a confundirlos, pero entre estos conceptos existen algunas diferencias importantes.

Resulta una obviedad afirmar que *arquitectura paulista* es toda aquella que se ha producido en la ciudad de São Paulo.

La *escuela paulista*, por su parte, fue un movimiento arquitectónico que surgió durante los años cincuenta como contraposición a la arquitectura de filiación corbusierana desarrollada en Río de Janeiro. Frente a los formalismos estilísticos de ésta, se buscó una arquitectura que aspiraba a ser éticamente objetiva, rigurosamente científica e incluso ideológicamente marxista. El hormigón armado fue el material elegido.[9]

Finalmente, *arquitectura brutalista paulista* es un concepto más restringido que el primero pero más amplio que el segundo. Es más restringido que el primero porque escoge entre las obras paulistas aquéllas que participan del lenguaje brutalista, entendiendo como *brutalismo* la tendencia arquitectónica que se manifiesta a partir de mediados del siglo XX, y cuyo lugar común es el uso de grandes

superficies de hormigón visto. Y es más amplio que el segundo porque no se circunscribe a aquellos arquitectos que comparten una
ideología marxista.

Tozzi es un arquitecto que nace, crece, trabaja y construye en São
Paulo (por aquí no habría nada que demostrar). El problema surge
cuando lo intentamos relacionar con la *escuela paulista*, o más en
general, si queremos encuadrar su obra dentro de la llamada *arquitectura brutalista paulista*. En mi opinión, Decio Tozzi puede ser inclui-
do en la tercera categoría, pero no en la segunda .

TRAYECTORIA Y PRESUPUESTOS TEÓRICOS

Decio Tozzi nace en 1936 en el seno de una familia acomodada de
São Paulo. Su infancia transcurre en el distrito de Perdizes, y juega
al fútbol en las categorías inferiores del Corinthians. Tres motivos le
animan a estudiar arquitectura: el gusto por el arte contemporáneo
que le inculca su padre, ingeniero de telecomunicaciones y amigo
personal de Pietro María Bardi; el libro *Brazil builds*, que le fascina;[11]
y finalmente, el prestigio del que goza la arquitectura moderna brasileña en aquél momento, durante la eclosión de lo que luego se cono-
cería como *escuela paulista*.

Su estancia en la FAU/Mackenzie (1955/60) coincide con los años de
debate y construcción de Brasilia. Participa activamente en la discusión entre académicos y modernos, y durante su colaboración con
Gregori Warchavchik, tras ganar un concurso de estudiantes, cree
percibir claramente las aristas del *dogmatismo* moderno.

Realiza un Máster en la FAU/USP, y proyecta con Ariosto Mila, João
Cacciola y Mário Zocchio el Instituto de Criminología e Criminalística de la Universidade de São Paulo (1962/64) —la característica
megaforma paulista, al decir de Kenneth Frampton[12]—. Luego abre
su propia oficina, en la que se plantea desarrollar una arquitectura
investigativa y combinarla con la docencia. Esta labor pedagógica fue
amplia pero intermitente, a causa de la agitada situación política del

Decio Tozzi, Ariosto Mila, João Cacciola y Mário Zocchio, Instituto de Criminología y Criminalística de la USP (Escuela de Policía), São Paulo, 1962/64.

país durante los años sesenta y setenta, que implicaba nombramientos y destituciones arbitrarios entre los docentes.

Su arquitectura presenta una gran coherencia interna y se inscribe entre aquéllas que pueden calificarse como poderosas, honestas y ejemplares. Tal vez por eso resulte más llamativa su escasa difusión. El brutalismo adquiere en sus obras una coherencia profunda, un aura de necesidad que lo hace inevitable y lo proyecta hasta nuestros días.

Entre sus realizaciones más celebradas se encuentran la Escuela Técnica Superior de Comercio (Santos, 1963/67), la escuela-jardín Ipê (Sao Bernardo do Campo, 1964/65), las residencias Orth (São Paulo, 1973/74) y Carvalhal (Ibiúna, 1976/77), el parque Villa-Lobos (São Paulo, 1987/2008), la capilla de la *Facenda Veneza* (Valinhos, 2002/03) o el *Forum trabalhista* Ruy Barbosa (São Paulo, 1992/2004).

En la actualidad, su voz suave, casi monacal, refleja a un arquitecto
que, acercándose a los ochenta años, vive una fase profesional de
progresivo reconocimiento. En la Bienal de Arquitectura de São
Paulo (2005) obtuvo una sala especial para exponer los edificios más
significativos de su carrera. Un año después, además del premio
otorgado por sus colegas, fue galardonado en la Bienal de Venecia
por el proyecto de la cantera en Campinas (São Paulo). Y en 2009,
cuatro obras suyas fueron seleccionadas por el *Musèe National D'Art
Moderne* del *Centre Pompidou* de París para formar parte de su colección permanente.

Decio Tozzi es un magnífico dibujante, pero no un teórico de la
arquitectura. Pocas veces ha puesto por escrito unas reflexiones
globales sobre su obra, más allá de algún artículo esporádico para
contextualizar alguno de sus proyectos. Sin embargo, en el texto
titulado *Viviendo arquitectura*, que cierra su monografía, podemos
encontrar tres ideas interesantes.[13]

En la primera de ellas define la arquitectura como un arte con proyección social. Una actividad que empezó a cobrar interés para él en
tanto en cuanto le permitía desarrollar un trabajo artístico personal,
esto es: sentir cómo emergía de cada proyecto la expresión de un
ideario plástico, en donde la luz, el espacio y la materia constituían
los elementos de una arquitectura nueva, capaz de transformar el
marco del conservadurismo que imperaba en su entorno.

No le fue fácil apoyarse en la débil economía local del momento y en
la naturaleza adversa del clima paulista —con excesiva luz atmosfé-
rica y elevada temperatura— para generar una arquitectura propia.
Se trataba de dominarla con una técnica ya por entonces plenamente
incorporada a la cultura constructiva brasileña —el hormigón armado—, con el fin de conseguir un equilibrio entre el hombre y el medio
ambiente. El estudio del estilo colonial brasileño y del hábitat de
diversas tribus africanas, le permitieron entender la sabiduría con la
que estas culturas resolvían el problema esencial de la arquitectura:
el dominio y la transformación de la naturaleza.

Tozzi suele afirmar que sólo la luz cenital garantiza la planta libre,
ya que hace posible la ruptura de la rígida organización de muchas

tipologías edificatorias, abriendo con total libertad el interior de los edificios a las nuevas relaciones espaciales. De hecho, este tipo de iluminación será una constante en casi todos sus proyectos.

Su método para hacer arquitectura se encuentra al final del escrito: «Una visión crítica, seleccionadora, atenta y rigurosa, y un nivel poético libre, inventivo, permeado de esperanza y generosidad».[14] En efecto: por medio del análisis crítico y aplicando en todo momento el sentido común, el arquitecto entiende que cada edificio surge cuando se utiliza la técnica como una forma de obtener espacios para la convivencia humana que buscan la belleza y el diálogo con el paisaje, convencido de que esa postura se inserta en el camino del desarrollo de la arquitectura y de la sociedad.

Así pues, podemos convenir que Tozzi entiende la arquitectura como un arte que, a través de la belleza y de la técnica, tiene capacidad para transformar las condiciones de vida de las personas y de las sociedades en su conjunto. Y que el estudio y la aplicación crítica de los logros de la arquitectura moderna —nuevas tecnologías constructivas, dominio de la luz cenital, libertad de planta, etc.—, generan obras en las que se manifiesta una nueva manera de vivir, más acorde con el medio ambiente local y la situación económica de su país. Su primera casa, la residencia Paschoal (1962), fue construida artesanalmente, y resulta significativo que el sistema de impermeabilización que haya usado con mayor frecuencia sea, ni más ni menos, un extraordinario cuidado por vibrar correctamente el hormigón...

LA SOMBRA, ARGUMENTO DE TRABAJO

Si es cierto que hasta el momento Decio Tozzi ha vivido a la sombra de cualquier exposición mediática, tal vez podamos también convenir que la arquitectura brasileña, vista en su conjunto, no persigue otra cosa que construir umbráculos, esparcir manchas de sombra por el territorio. La trayectoria de Tozzi parece confirmar esta hipótesis; incluso él mismo ha afirmado en alguna ocasión que los mecanismos de creación de la penumbra son los que le dan forma a una casa.[15]

Decio Tozzi y Luiz Carlos Ramos, Escuela Técnica Superior de Comercio, Santos (São Paulo), 1963/67.

Por otro lado, si consideramos que alguno de sus colaboradores más cercanos —como la arquitecta y diseñadora Midori Hatanaka— es de origen japonés, resulta tentador apoyarse en el clásico *El elogio de la sombra* (1933), de Junichiro Tanizaki[16] —para quien lo bello no es otra cosa que el sutil juego de claroscuros que van formando las modulaciones de la sombra— y establecer algunas analogías. Veamos, por tanto, cómo esta idea de *abrigo sombreado* se ha ido materializando en sus obras a lo largo de más de cincuenta años de trayectoria profesional.

La Escuela Técnica Superior de Comercio de Santos (*Escola Municipal de Ensino Profissionalizante Acácio de Paula Leite Sampaio*), realizada con la colaboración de Luiz Carlos Ramos, tal vez sea su obra más divulgada. El diseño del edificio se entiende como el resultado objetivo de la pretensión de dominar los condicionantes climáticos del lugar —luz cegadora y temperaturas elevadas— mediante el empleo de los mecanismos apropiados. Los mismos artefactos que sirven para captar la luz también funcionan como elementos de ventilación, provocando un movimiento permanente del aire que ayuda

Decio Tozzi, Escuela-jardín Ipê, São Bernardo do Campo (São Paulo), 1964/65.

a refrescar el calor ambiental. La síntesis de todos estos elementos genera una arquitectura vigorosa.

Un corolario de esta obra es la Escuela-jardín Ipê, cuyo espacio central —un umbráculo que integra y organiza todas las aulas y espacios de convivencia— se erige en argumento del proyecto. El estudio teórico de la luz que aquí se realizó se aplicaría más tarde en varios edificios residenciales urbanos, y más en concreto, en el *Forum Trabalhista* Ruy Barbosa.

La casa Orth capta de inmediato nuestra atención por los *astronautas pop* que Tozzi dispone en la entrada. Sin embargo, esta dimensión artística puede llegar a esconder las auténticas intenciones que movían al arquitecto. En efecto, al comentar el origen de sus primeras casas, Tozzi afirmaba que después de Brasilia, la arquitectura brasileña había introducido una importante revisión conceptual en busca de una espacialidad más acorde con las nuevas relaciones humanas y formas de vivir. El énfasis en el nivel semántico y en la búsqueda de significados nuevos para el espacio arquitectónico

Decio Tozzi, **Casa Orth**, São Paulo, 1973/74.

correspondía, naturalmente, a la propuesta de una sintaxis clara, en la cual la relación entre los signos de la comunicación arquitectónica desembocaba en la verdad constructiva explícita en la obra, y ofrecía la oportunidad de desarrollar una interesante investigación sobre la luz, el espacio y la materia. De hecho, Tozzi definía esta casa como *una sombra en la trama urbana.*

La residencia Carvalhal plantea un problema diferente. Situada en un bello paraje circundado por las colinas que rodean el embalse de Itupararanga, se edifica dentro de una floresta que permite disfrutar del lugar, y a la vez, preservar ámbitos de espesura que mejoren el clima local. El proyecto se trabaja sobre una maqueta de arcilla. Primero se excava la plaza de acceso, y con la arcilla retirada se crean nuevas colinas que proporcionan intimidad a este espacio. Luego se cosen las colinas con una losa de hormigón armado que recoge las formas de las montañas y el lago. Esta cubierta-jardín crea un espacio protegido del sol, tanto exterior como interior, y por medio de grandes superficies de vidrio, garantiza una continuidad espacial desde la plaza de acceso hasta el borde del embalse.

Tal vez el ejemplo más evidente de umbráculo puro sea la capilla en la *Facenda Veneza*, un espacio construido para albergar diversas

118

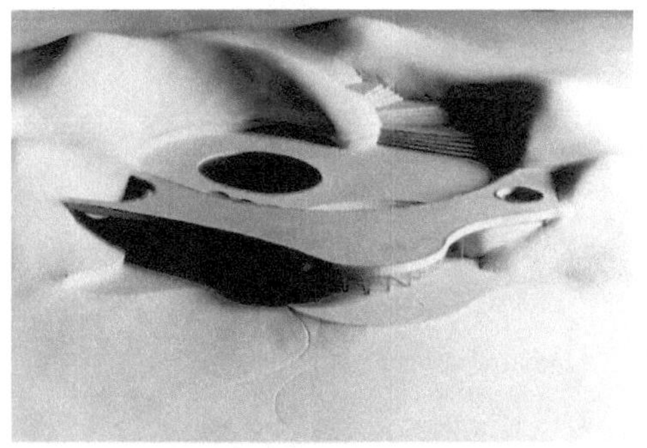

Decio Tozzi, Residencia Carvalhal, embalse de Itupararanga, Ibiúna (São Roque), 1976/77.

manifestaciones culturales, no sólo religiosas. Lo que en él se propone va más allá de una mera cuestión de control solar: se trata de la disolución de los límites del espacio sacro, algo que excede el ámbito de este artículo y que ya he analizado en otro lugar.[17] Baste decir en este momento que debido a las excepcionales condiciones del clima y de la propiedad del suelo, el edificio consigue fundirse completamente con el paisaje, configurándose como una lona pétrea, una *tienda del encuentro* de afortunadas resonancias bíblicas (Exodo 33:7).

Decio Tozzi siempre ha mantenido una intensa vinculación vital con su ciudad, São Paulo, metrópoli multiétnica y cosmopolita; apenas ha construido nada fuera de sus límites geográficos y siempre ha estado dispuesto a participar en cualquier acción ciudadana para la preservación del patrimonio paulista. El parque Villa-Lobos, el segundo gran parque construido en los últimos decenios tras el de Ibirapuera (que fue terminado definitivamente en 2005, cincuenta años después de haber sido proyectado por Óscar Niemeyer y Roberto Burle Marx), es la historia de un empeño personal del arquitecto por intentar convertir un basurero en un lugar de recreo, hasta el punto de que durante tres años estuvo exponiendo el proyecto en todo tipo de asociaciones ciudadanas. Entre 2004 y 2008 se plantaron mil

Decio Tozzi, Capilla en la Facenda Veneza, Valinhos (São Paulo), 2002/03.

Decio Tozzi, Parque Villa-Lobos, São Paulo, 1987/2008; auditorio al aire libre y bosque.

doscientos ipês, los árboles típicos de São Paulo, según el proyecto del ingeniero agrónomo Rodolfo Geiser. En la actualidad, dentro de las 73 has. de área verde del parque hay distintos tipos de umbráculos —bosquecillos, espacios de juegos y deportes, espacios para conciertos, etc.— tanto individuales como colectivos, de tal modo

Decio Tozzi y Karla
Albuquerque, *Forum
trabalhista Ruy Barbosa*,
São Paulo, 1992/2004.

que cualquier ciudadano podría definirlo, sin mucho esfuerzo, como *un espacio de sombra y recreo.*

Finalmente, en el *Forum trabalhista* Ruy Barbosa, realizado en colaboración con la arquitecta Karla Albuquerque, Tozzi trabaja por primera vez la gran escala. Este palacio de justicia laboral está compuesto por dos torres de hormigón visto vinculadas por rampas metálicas, que vuelcan sobre un vacío urbano de setenta metros de altura. Más allá de los muchos comentarios que se podrían hacer sobre esta plaza cubierta verdaderamente impresionante en sus proporciones, las fotografías muestran cómo el sol, a lo largo del día, va jugando con la estructura metálica, componiendo caprichosos dibujos de sombras chinescas que se proyectan como arabescos en las superficies tersas y abstractas, rotundas y limpias —decididamente *paulistas*, podríamos decir— de sus paredes y pavimentos. Aquí la sombra ya no es sólo una necesidad vital: se ha convertido también en ornamento. Un ornamento festivo, aleatorio, móvil y etéreo.

CONCLUSIONES

El sorprendente silencio sobre la obra de Decio Tozzi acaso esté relacionado con el hecho de que este arquitecto, además de construir poco, apenas haya trabajado fuera de São Paulo; pero quizá también tenga mucho que ver con los vaivenes y carencias de la crítica brasileña. Afortunadamente, este silencio se está empezando a romper en los recientes trabajos académicos que, con un cariz más científico, estudian la arquitectura producida durante las últimas décadas.

En cualquier caso, Decio Tozzi es, a día de hoy, uno de los maestros de la arquitectura brasileña contemporánea. Y además, todavía conserva intacta la fuerza y la ilusión que tenía en su juventud. Tal vez Marcio Kogan e Isay Weinfeld sean los arquitectos que sigan más de cerca su magisterio oscuro y silencioso.

Quisiera terminar este texto poniendo en boca de Tozzi un último pensamiento de Tanizaki. Un pensamiento que, de alguna forma, envuelve como un delicado velo toda su producción: «A nosotros nos gusta esa claridad tenue, hecha de luz exterior y de apariencia incierta, atrapada en la superficie de las paredes de color crepuscular y que conserva apenas un último resto de vida. Para nosotros, esa claridad sobre una pared, o más bien esa penumbra, vale por todos los adornos del mundo, y su visión no nos cansa jamás».[18]

NOTAS

1   «A luz é a natureza que penetra a arquitetura; e quando o faz, perde vontade própria e passa a ser instrumento da criação dos espaços para a vida humana» (Decio Tozzi, mensaje por e-mail al autor, 16/03/2013). Todas las traducciones son mías.

2   Cf. «Arquitetura no Brasil», con acceso el 27/02/2013, http://pt.wikipedia.org/wiki/Arquitetura_no_Brasil.

3   Cf. «Faculdade de Arquitetura e Urbanismo da Universidade Presbiteriana Mackenzie», con acceso el 27/02/2013, http://pt.wikipedia.org/wiki/Faculdade_de_Arquitetura_e_Urbanismo_da_Universidade_Presbiteriana_Mackenzie.

4   Podemos encontrar artículos en *Zodiac* (Italia, 1964), *Architecture Formes & Fonctions* (Francia, 1969) y *L'Arca* (Italia, 1995 y 2002). Existen referencias sobre su obra en: Humberto Yamaki (ed.), *Modern Brazilian architecture/Gendai Burajiru kenchiku* (Tokio: Process Architecture, 1980); Roberto Segre, *Arquitetura brasileira contemporânea* (Petrópolis: Viana & Mosley, 2003); y *Premio Internazionale di Architettura Sacra Frate Sole IV edizione* (Milán: Skira, 2008). También participa en la exposición itinerante «Architecture in Latin América» (1978). Sin embargo, no aparece en el recopilatorio de Sylvia Fiche, *Os arquitetos da Poli: ensino e profissão em São Paulo* (São Paulo: Fapesp/Edusp, 2005); Yves Bruand, *Arquitetura Contemporânea no Brasil*. São Paulo: Perspectiva, 1997; o Hugo Segawa, *Arquitetura no Brasil 1900-1990*. São Paulo: EDUSP, 1999.
Sobre los artículos más recientes, véase, por ejemplo, Ruth Verde Zein, «Otras arquitectos de Brasil», *2G* 8 (1999): 14-23. Fernando Serapião, «Fragmentos de um discurso paulistano», en Idem., *São Paulo: guia de arquitectura contemporánea* (Río de Janeiro: Viana & Mosley, 2005): 6-21. O bien el artículo «Arquitetura moderna na praia. Residências na Praia de Pernambuco, Guarujá», *Vitruvius* 038.01 (2003): 4-5, donde Maurício Acenha Dias se refiere a la casa de vacaciones en la playa de Pernambuco construida para su hermano Claudio Tozzi en 1976, para quién ya había proyectado otra residencia en São Paulo (con acceso el 11/03/2013, www.vitruvius.com.br/revistas/read/arquitextos/04.038/665).

5   Cf. «Arquiteto Decio Tozzi», *Cadernos Brasileiros de Arquitectura* 4 (1978); y «Arquiteto Decio Tozzi. Pensamento e obra», *Modulo* (1980).

6   Cf. «Decio Tozzi», con acceso el 27/02/2013, www.deciotozzi.br.com.

7   Cf. «Decio Tozzi», con acceso el 11/03/2013, www.plataformaarquitectura.cl/tag/decio-tozzi; «Decio Tozzi», con acceso el 11/03/2013, www.archdaily.com/

tag/decio-tozzi; «Decio Tozzi», www.archdaily.mx/tag/decio-tozzi; con acceso el 11/03/2013. Los textos que se han utilizado tanto en *Plataforma Arquitectura* como en *ArchDaily*, escritos por Decio Tozzi, son los mismos de la monografía, sólo que traducidos al español. Cf. también «Tozzi», con acceso el 14/03/2013, www.arcoweb.com.br/tozzi/all.html; «Decio Tozzi», con acceso el 11/03/2013, http://es.urbarama.com/designer/decio-tozzi; y «Entrevista com Décio Tozzi», con acceso el 11/03/2013, www.youtube.com/watch?v=odMvLyWyq6Q.

[8]   Cf. Ruth Verde Zein, «Breve introdução à Arquitetura da Escola Paulista Brutalista (1)», *Vitruvius* 069 (2006); con acceso el 27/02/2013, www.vitruvius.com.br/revistas/read/arquitextos/06.069/375. Se trata de un extracto de su tesis doctoral *A Arquitetura da Escola Paulista Brutalista 1953-1973* (PROPAR-UFRGS, 2005).

[9]   Liderada por João Batista Vilanova Artigas, la *escuela paulista* estuvo muy influida por Mies van der Rohe, sobre todo por la puesta en valor de la estructura como tema fundamental para el control de la forma, en contraposición a la entonces hegemónica *escuela carioca* y su modelo corbusiano. El proyecto para el edificio Bacardí en Santiago de Cuba (1957) se propuso como paradigma de edificio ideal. La revista *Acrópole* (1938/71) fue la responsable de la difusión de esta nueva arquitectura. Cf. por ejemplo, Luis Henrique Haas Luccas, «La arquitectura moderna brasileña en los años cincuenta: entre el modelo corbusiano-carioca en declive y las alternativas en ascenso», *Apuntes* 23/1 (2010): 32-45.

[10]   Serapião lo incluye a todos los efectos en la *escuela paulista*, si bien hace varias divisiones internas dentro de esta corriente, algo que sin duda Luccas conocía (cf. Serapião, *São Paulo: guia*, 10 ss).

[11]   Philip L. Goodwin, *Brazil Builds. Architecture New and Old 1652-1942* (New York: Museum of Modern Art, 1943); catálogo de la exposición.

[12]   Cf. «Vilanova Artigas y la Escuela de São Paulo», *2G* 54 (2010): 4-10.

[13]   Otras ideas se pueden encontrar en Adilson Meléndez e Fernando Serapião, «Decio Tozzi. A arquitetura não pode ficar respondendo a essa realidade histórica com um predinho e seu pilotis», *ArcoWeb* 19/05/2004; con acceso 14/03/2013, www.arcoweb.com.br/entrevista/decio-tozzi-a-arquitetura-19-05-2004.html.

[14]   Tozzi, *Arquiteto Decio Tozzi*, 318.

[15]   Cf. Ibíd., 87.

[16]   Junichiro Tanizaki, *El elogio de la sombra*; con acceso el 11/03/2013, www.ddooss.org/libros/Junichiro_Tanizaki.pdf. Disponible también en la editorial

Siruela (Madrid), que desde 1994 ha realizado treinta ediciones. Otras referencias interesantes a la sombra y la arquitectura se pueden encontrar en la tesis doctoral de Rafael Casado Martínez, *La sombra como forma del espacio arquitectónico. Realidad y ficción del espacio arquitectónico. El proyecto y la sombra* (Sevilla: ETSAS, 2005); con acceso el 11/03/2013, http://fondosdigitales.us.es/tesis/tesis/469/la-sombra-como-forma-del-espacio-arquitectonico-realidad-y-ficcion-del-espacio-arquitectonico-el-proyecto-y-la-sombra.

[17] Cf. Esteban Fernández-Cobián, «Espacios temporales para la liturgia. ¿Evolución tipológica o disolución identitaria?», *Quintana* 9 (2010): 119-131.

[18] Tanizaki, *El elogio de la sombra*, 13.

ARQUITECTURA RELIGIOSA Y PARTICIPACIÓN CIUDADANA

Dos iglesias de Fernando Rodríguez Concha

Con Verónica Orozco Velázquez

Publicado en: Esteban Fernández-Cobián y Verónica Orozco Velázquez, «Arquitectura religiosa y participación ciudadana: dos iglesias de Fernando Rodríguez Concha», *Arquiteturarevista* 10-2 (2014): 78-90.

ARQUITECTURA Y PARTICIPACIÓN CIUDADANA

La participación ciudadana

El *activismo social* o *participación ciudadana* se podría considerar el
eje de la actividad vital y arquitectónica de Fernando Rodríguez Concha (Puebla, México, 1938, t. 1965). Tal como le ha ocurrido a muchos
arquitectos de su generación, el compromiso cívico siempre ha estado presente dentro de su trayectoria. Recientemente, Santiago de
Molina explicaba la intensa implicación que Álvaro Siza había tenido
con los vecinos de la Quinta de la Malagueira, en Évora. «Para todo
un grupo de arquitectos que ejercieron en los años setenta, la participación no fue un modo de trabajo aprendido de forma autodidacta
y generosa, sino una exigencia social y política ineludible. También
la participación fue en aquel momento una palabra de moda» (De
Molina, 2014; cf. también Siza, 2014). Diálogo ciudadano, arquitectura comunitaria o activismo social son otras formas de llamarlo.

Existen muchas maneras de poner en práctica este compromiso
ético del arquitecto en beneficio de la comunidad, como muchos han
ejemplificado a lo largo de las últimas décadas. Sin pretender ser
exhaustivos, podemos recordar algunas de las estrategias más habituales: realizar viviendas perfectibles (desde Le Corbusier a Alejandro Aravena); idear procesos de autoconstrucción (Walter Segal,
John F. C. Turner); interactuar con usuarios en construcciones
improvisadas (Lucien Kroll); ayudar a los futuros usuarios a construir sus propias viviendas (Álvaro Siza, Giancarlo de Carlo); activar
y cohesionar a los agentes sociales de una comunidad (Ottokar Uhl);
vincular dos culturas (Francis Diebedo Keré, Anna Heringer); o
incluso gestionar recursos urbanos en el límite de la legalidad (Santiago Cirugeda).[1]

La clave del asunto siempre es determinar qué implicaciones y qué
inconvenientes tiene gestionar un proyecto abierto respecto a un
proyecto convencional, cómo se coordina el proceso, cuales son las
relaciones de los agentes implicados, en qué consiste la participación de los usuarios exactamente etc. Partiendo de la base de que

Fernando Rodríguez Concha en su época de estudiante, h. 1965.

un proceso abierto no tiene por qué generar necesariamente mala arquitectura, siempre que las competencias profesionales estén claras y la relación técnico-usuario encuentre el equilibrio adecuado, lo cierto es que en muy pocas ocasiones el resultado final es presentable; por ello, los arquitectos no suelen estar orgullosos —plásticamente hablando— de este tipo de obras, por lo que su visibilidad suele ser muy baja. En cualquier caso, para que la participación ciudadana tenga éxito, ambas partes —usuarios y arquitecto— deben asumir un grado de frustración razonable, producto del lógico conflicto entre posturas encontradas.

No todos los arquitectos están preparados para realizar un trabajo así. Se necesitan algunas cualidades básicas, entre ellas la capacidad de empatía personal, el anonimato y el afán colaborativo. «Siza

se mostró especialmente bien dotado también para la producción de
la arquitectura bajo cualquier tipo de condiciones de diálogo e interlocutores. Como si para el trabajo participativo la única condición
fuese tener talento como arquitecto y capacidad de escucha» (De
Molina, 2014). En efecto: si para poder transmitir la arquitectura se
necesita una gran dosis de entusiasmo e implicación, para que los
procesos de participación ciudadana lleguen a buen puerto resulta
imprescindible la capacidad de empatía y de interactuar personalmente con los agentes implicados.

¿Cuáles son los puntos en común de Fernando Rodríguez Concha
con todos estos arquitectos? Sin duda nuestro arquitecto puede
presumir de poseer las cualidades específicas para trabajar en
comunidad: liderazgo, anonimato, tensión creativa, etc. Su activismo
social presenta distintas facetas, que se pueden leer como distintas
caras de una misma idea: la idea física de barrio como cohesiona-
dor social. Estas facetas las irá desplegando a lo largo del tiempo,
en buena medida arrastrado por los acontecimientos sociales de
las décadas de los años sesenta, setenta y ochenta, hasta llegar al
momento actual.

Así, podremos hablar de un momento político, de un momento académico, de un momento comunitario y de un momento estrictamente
arquitectónico. Si el primero está muy localizado en el tiempo, los
otros tres recorren transversalmente su trayectoria profesional.[2]

El momento político

El activismo social de Fernando Rodríguez Concha es de corte libe-
ral, católico y ortodoxo, es decir, un activismo integrador alejado
tanto de las corrientes estatalistas, revolucionarias o anarquistas
como de las corrientes predominantes en el catolicismo latinoamericano durante los años setenta y ochenta vinculadas a la Teología de
la Liberación.

Dentro de su trayectoria, su militancia política fue una circunstancia
sobrevenida. Ejerció responsabilidades como Consejero alumno

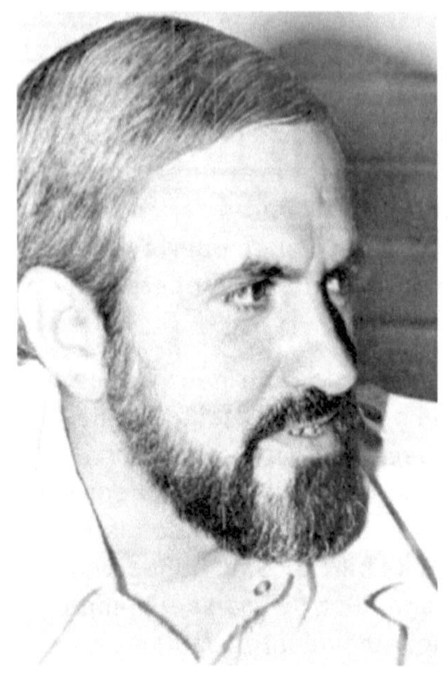

Fernando Rodríguez Concha, h. 1980.

ante el Consejo Universitario de la Universidad Autónoma de Puebla, UAP (1959); como Presidente de la Sociedad de Alumnos de Arquitectura de la UAP (1960); como Secretario General del FUA (Federación Universitaria Anticomunista, 1961); y como Presidente de la Asociación Nacional de Estudiantes de Arquitectura (ANEA, 1964). Todo ello en un momento en el que se pretendía salvaguardar la autonomía de la Universidad de Puebla —entonces ya declarada Autónoma— de las injerencias externas e internas. Externas, ya que México vivía un momento de una fortísima presión estatal sobre todas las instituciones cívicas; e internas, ya que durante los años sesenta la fascinación por el castrismo y la cercanía geográfica de Cuba motivaron que las universidades mexicanas fueran elegidas para comenzar la revolución marxista. Las luchas sociales para mantener esta autonomía dentro de la Universidad de Puebla se encuentran ampliamente documentadas.[3]

El resultado de este activismo político fue la fundación de la UPAEP en 1973. El claustro de la Facultad de Arquitectura —entre otros— buscó desligarse de la UAP y transferirse a otra universidad. A pesar del amplio apoyo ciudadano, no fue posible encontrar otra institución huésped, y tras diversos enfrentamientos armados surgió la Universidad Popular Autónoma del Estado de Puebla (UPAEP), de la que Fernando Rodríguez Concha fue uno de sus miembros fundadores y director de su Escuela de Arquitectura durante veinte años (1973/93).

El momento académico

Durante esta primera etapa de la UPAEP, ni los profesores cobraban honorarios ni los alumnos pagaban matrícula. Era una *universidad de base*, mantenida con donaciones de la sociedad civil. Desde su puesto de dirección de la Escuela, Rodríguez Concha fomentó la proyección social de la arquitectura, proponiendo y ejecutando trabajos de los alumnos para los barrios. Su propio Proyecto Fin de Carrera (1965) había consistido en una propuesta para rehabilitar los barrios indígenas que se encontraban al otro lado del río, en la periferia oriental de la ciudad. Además del diseño de la intervención, había puesto en práctica su capacidad de gestión consiguiendo fondos de la Junta de Mejoramiento Moral, Cívico y Material —entidad municipal formada por diversas instituciones ciudadanas—, para implementar el programa de recuperación. El monto final del presupuesto limitó los trabajos a mejorar las condiciones de vialidad y a la mejora del aspecto exterior de las viviendas.

Esta dimensión social de la arquitectura sigue hoy en día presente en la UPAEP como parte de su carisma fundacional. En la actualidad, por ejemplo, la Escuela mantiene convenios con el Arzobispado y con diversas comunidades rurales para asesorarles en el proyecto y la construcción de sus lugares de reunión y de culto.

UPAEP, Edificio T, Puebla, 2006/08.

Fernando Rodríguez Concha
(segundo por la derecha) con los
representantes de la Asociación
de Colonos del Barrio de Santiago,
Puebla, 2014.

Lo mismo cabría decir de la edificación física de la UPAEP, tanto en la gestión de sus edificios —especialmente en el reciente Edificio T (2004/08) — como en su inserción en el barrio, a través de la presidencia de la Asociación de Colonos del Barrio de Santiago, de la que sigue siendo Presidente Vitalicio. Su colaboración siempre ha sido discreta y anónima, primando lo institucional sobre lo personal.

El momento comunitario

Rodríguez Concha fue uno de los ideólogos que apostó por que la UPAEP se insertara en un barrio marginal de Puebla para ayudar a revitalizarlo, desechando la idea de un campus-jardín autónomo, lo más habitual en México durante las últimas décadas. Desde el momento de la creación de la UPAEP, el pequeño comercio local recibió un impulso considerable: alquiler de habitaciones a estudiantes, casas de comidas, librerías y papelerías, servicios de taxi, etc., hasta el punto de que en la actualidad el barrio de Santiago se puede considerar como un auténtico barrio universitario.

Recuperación de uno de los edificios históricos del barrio de Santiago,
Puebla, 2001/05.

En 1999 los vecinos del barrio comenzaron a mostrar su preocupación por mejorar las condiciones de la colonia. Se acercaron a la
UPAEP y ésta nombró a nuestro arquitecto como interlocutor. Se
creó entonces la Asociación de Colonos del Barrio de Santiago, con
el objetivo de pugnar por el mejoramiento de las condiciones de vida
de los habitantes y sus aledaños. Los arquitectos José Ignacio Acevedo y Angélica Delgado llevaron a cabo un estudio a través del cual
se detectaron diversas necesidades. Así, en 2001 se formuló el Plan
de Integración Urbana y Social de la UPAEP, que quedo articulado
en seis estrategias: social, cultural, urbana, ambiental, económica y
de vinculación.

Bajo el asesoramiento de Rodríguez Concha, dentro de este plan se fueron realizando diversas acciones. Desde el punto de vista ambiental se procedió a la reforestación y recuperación integral de los parques públicos de Santiago y las Ninfas. En el plano urbano se rehabilitaron fachadas de edificios singulares, se canalizaron las líneas telefónicas, se incorporó mobiliario urbano —contenedores de basuras, farolas, bancos, etc.—, se restauraron o se construyeron aceras y crucetas peatonales, y se rehabilitó integralmente la iglesia de San Matías.[4]

En 2005 se publicó un libro, derivado del Plan de Integración Urbana y Social de la UPAEP, que recorre la historia de la implicación de la universidad en el barrio (cf. Acevedo y Delgado, 2005). Una anécdota puede ayudar a clarificar —una vez más— el destino del arquitecto comprometido socialmente. Cuando le facilitaron el borrador de la publicación, Fernando Rodríguez Concha se dio cuenta de que ni su nombre ni el de don Vale —el histórico líder de los colonos— aparecían por ninguna parte. Como la universidad costeaba la edición y el rector debía escribir el prólogo, preguntó por la ausencia de estas dos personas. La lógica se impuso, y en el prólogo, el rector glosó ampliamente su papel.

El momento profesional

Pero es en la arquitectura religiosa en donde esta dimensión social del 'profesionista' de la arquitectura pasa a un primer plano. No descubrimos nada nuevo al afirmar que, más allá de algunas obras singulares —Barragán, Candela y De la Mora o fray Gabriel Chávez de la Mora—, la arquitectura religiosa mexicana de la segunda mitad del siglo XX posee una calidad media bastante baja. Esto es debido, entre otras razones estructurales, a los escasos ingresos que esta actividad reporta. Pocos profesionales se ofrecen a trabajar para una Iglesia católica que cuenta con pocos medios. Fernando Rodríguez Concha nunca cobró honorarios por realizar ésta y otras actividades sociales.[5] Afortunadamente, en la oficina siempre contó con encargos que le permitieron sostener a su numerosa familia, lo cual pone de manifiesto una generosidad notable.

EL ARQUITECTO Y LA IDEA DE ARQUITECTURA

Excelente estudiante, magnífico deportista y piloto de aviación deportiva, Fernando Rodríguez Concha tenía todas las cualidades para convertirse en un líder.

Su trayectoria profesional se puede explicar desde su personal definición de la disciplina: «La arquitectura es el espacio vital diseñado, que colabora en el perfeccionamiento del hombre en su tránsito a la realización plena».[6] Pero en esta definición conviene explicar algunos términos. Según Rodríguez Concha, el espacio ha de estar *diseñado*, pero no necesariamente por un arquitecto. *En su tránsito*: el ser humano ha de viajar ligero de equipaje, tanto física como intelectualmente hablando; la humildad y la sencillez se han de conjugar con la firme determinación por alcanzar su objetivo. *Realización plena*, que es lo mismo que identificarse con la imagen que el Creador tiene de cada persona.

Toda su obra arquitectónica tiene una componente docente. No por casualidad ostenta el récord de ser el director de una Escuela de Arquitectura en México —reconocido por la ASINEA (Asociación Nacional de Escuelas de Arquitectura)— que más tiempo ha estado en su cargo de forma ininterrumpida (veinte años). Recientemente, durante la Semana de la Arquitectura UPAEP (Puebla, 6-9 de mayo de 2014) se le rindió un merecido homenaje, que intentó contrarrestar la escasa atención que le ha prestado la historiografía.[7]

Muchos profesores de arquitectura suelen manifestar un excesivo pudor por mostrar sus fuentes de inspiración, sus referencias, a sus alumnos. Fernando Rodríguez Concha, por el contrario, más que ocultarlas, siempre ha intentado explicar los procesos de diseño, estructurales y constructivos con la mayor claridad. Enseña que antes de realizar un edificio se tiene la obligación de estudiar casos análogos, y que esta actividad no ha de ser clandestina.

Como obras fundamentales de su trayectoria citaremos: iglesia María Madre de la Iglesia, Huexotitla, 1969/75 (con Carlos Mastretta Cóbel); casa del Lago, Valsequillo (Puebla), 1973/78; edificio Depac,

Fernando Rodríguez Concha (izq.) y el ingeniero José Antonio Quintana durante la ejecución de la iglesia de Huexotitla, Puebla, 1973.

1977; centro comercial Plaza Dorada, 1978/79; parque recreativo zoológico Africam Safari, 1980/85; iglesia parroquial de Nuestra Señora de la Esperanza, Las Ánimas, 1982/85 (con el ingeniero Antonio Elizaga Ruiz-Godoy, Jesús Corro Ferrer y Juan Pablo Morales García); CAPU-Central de Autobuses de Puebla, 1988/90 (primer premio en concurso nacional); rescate patrimonial y social de la colonia Santiago, 1999 ss.; casa Concepción Zavaleta, 2000/01; y edificio Ficus, 2001/03. Todas ellas construidas en Puebla. En todas sus propuestas hay un estudio económico-constructivo previo, que implica que muchas de las decisiones de proyecto se toman tras el análisis de las condiciones de financiación y viabilidad —mantenimiento mínimo— del propio edificio. Eso supone una buena ejecución y presentar los materiales con su textura original.

Decíamos que siempre ha trabajado en colaboración. Colaboró con José Antonio Quintana Fernández, primero como dibujante (1965/79) y luego como socio de la firma Quintana Fernández y asociados scp (1979 ss.); con Carlos Mastretta Cóbel (1969); y con Juan Pablo Morales García en el *Taller Millenium* de arte y arquitectura sacra (2003/05), con quién realizó la actual capilla de la UPAEP. De esta forma, la autoría y el protagonismo en sus obras está compartida entre ingenieros, agentes sociales, sacerdotes, promotores, comunidades, estudiantes, etc.

Para ejemplificar su postura profesional y vital podemos centrar nuestra atención en dos ejemplos de su arquitectura religiosa. Dos obras efectuadas en dos momentos históricos muy diferentes: las iglesias de Huexotitla (finales de los sesenta) y de Las Ánimas (principios de los ochenta). Son dos obras maestras, sólo posibles gracias a las cualidades personales del arquitecto que las llevó a cabo, un artista polifacético dotado de una rara sensibilidad.

LA IGLESIA DE HUEXOTITLA (1969/75)

La iglesia de Huexotitla es un edificio sorprendente. Cualquiera que acceda a su rico espacio interior podrá experimentar la fuerza de su arquitectura, que sólo se intuye desde el exterior. Además, para sus usuarios es la iglesia perfecta; así lo reflejan las encuestas realizadas por Valerdi (2010).[8] Ese grado de satisfacción, muy difícil de conseguir en cualquier edificio de uso público, sólo es posible obtenerlo tras un arduo trabajo de diálogo y confrontación con los diversos agentes que intervienen en el encargo de una iglesia. Y eso es lo que ocurrió aquí. Pero, según Valerdi, el 100% de los encuestados desconocen el nombre del arquitecto.

En 1969 Fernando Rodríguez Concha recibió el encargo de proyectar
esta iglesia.[9] Enrique Benítez, propietario del molino y los terrenos
de Huexotitla, había donado los terrenos para la iglesia. Ya era cliente del despacho del ingeniero Quintana, donde Rodríguez Concha
colaboraba desde su época de estudiante. La oficina le había hecho
el fraccionamiento de los terrenos y diversas asesorías. El primer
escollo que hubo que sortear fue la presencia en la colonia de otro
importante arquitecto, Carlos Mastretta, compañero de facultad
y eventual colega en diversos concursos.[10] Tras unos primeros
encuentros, Mastretta se incorporó al equipo y se encargó de las
conversaciones con el superior de la comunidad.

Los Misioneros del Espíritu Santo son una congregación religiosa
mexicana, conocida por sus avanzados métodos pastorales y su
trabajo con la juventud. Era una época muy agitada —política y reli-
giosamente hablando— y acababan de llegar a Puebla. Habían irrum-
pido con fuerza en el panorama arquitectónico mundial a través de
la capilla de Nuestra Señora de la Soledad, construida para ellos por
Enrique de la Mora, Fernando López Carmona y Félix Candela en la
ex-hacienda de El Altillo, en Coyoacán (Ciudad de México, 1955/58).[11]
Tal vez por eso un arquitecto recién titulado, con ideas originales y
que había participado en diversas iniciativas sociales con comunidades de la periferia de Puebla, era el interlocutor que necesitaban para
construir su nuevo lugar de culto. Les gustó el concepto de iglesia
—participativo, alegre y colorista— que les propuso. «La venta del
proyecto fue muy fácil» (Rodríguez Concha, 2014).

Antes de seguir adelante, conviene decir una palabra sobre la advocación del edificio, pues tiene mucha relación con el momento eclesial en el que se levantó e incluso con su forma final. El título María
Madre de la Iglesia fue muy discutido durante el Concilio Vaticano II.
Los padres conciliares del norte de Europa —argumentando la falta
de fundamentación bíblica de mismo pero, tal vez, por la influencia
protestante en sus territorios— lo rechazaron de plano. Y cuando
en la parte final de la Constitución Dogmática acerca de la Iglesia
titulada *Lumen Gentium* (Luz de las gentes), se insertó un capítulo
dedicado a María, consiguieron que esta advocación no figurara en el
texto definitivo. A pesar de ello y por iniciativa propia, el papa Pablo VI,

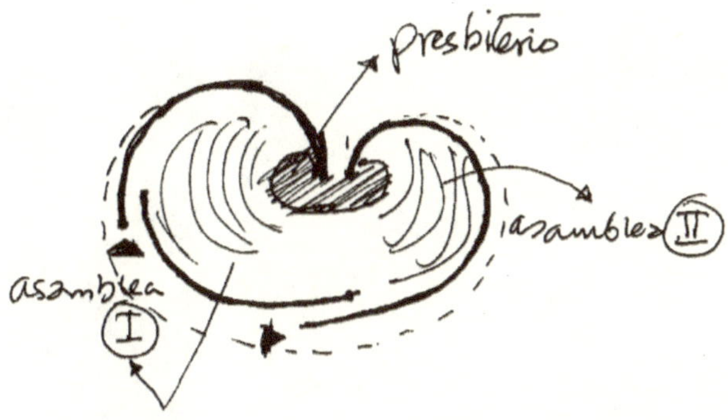

María Madre de la Iglesia, Colonia Huexotitla, Puebla, 1969/75; planta.
Dibujo de Fernando Rodríguez Concha.

Vista panorámica de la nave.

durante su discurso al concluir la tercera sesión del Concilio el 21 de noviembre de 1964, le dio este título.

El diseño de la planta partió de la necesidad de vincular dos naves, una de uso diario y otra prevista para las celebraciones dominicales. Su forma podía recordar un embrión —Jesucristo o la Iglesia, su

Detalle de la iluminación interior desde la capilla eucarística.

Detalle de las sillas y los reclinatorios.

cuerpo místico—, arropado por el manto amplio de su madre, lo cual coincidía bien con la advocación María Madre de la Iglesia. Sorprendentemente, esta idea tan radical se pudo llevar con tranquilidad hasta sus últimas consecuencias, gracias a una afortunada confluencia de factores, entre los cuales sobresale el talante dialogante y conciliador de Rodríguez Concha.

En Puebla no existían precedentes de este tipo de disposición litúrgica. Para «favorecer la participación activa de los fieles» (Concilio Vaticano II, 1963), el altar se sitúa próximo al centro de la planta (pero no en disposición centrada) en torno al núcleo estructural, de manera que en la parte anterior se ubique la nave y en la parte posterior la capilla penitencial y del Santísimo. Los pavimentos de ambos hemiciclos están ligeramente inclinados hacia dentro; el presbiterio queda rehundido con respecto a la nave. Bajo ésta existe una cripta de columbarios.

El atrio.

La disposición envolvente de los muros ciegos —construidos con material regalado por una donante que tenía una cantera de mármol en Tepeaca—, las bancadas de hormigón armado sobre las que se apoyan unas vistosas sillas de plástico moldeado con cojines de color rosa —variantes de la silla Tulip (1956), de Eero Saarinen—, inéditas en un espacio sagrado, y reclinatorios de mullida moqueta verde, el juego lumínico que proyectan las vidrieras abstractas de colores sobre las grandes vigas postesadas que conforman la cubierta, o el afortunado juego irregular del pavimento pétreo, son algunos de los factores que contribuyen a crear un ambiente mágico en este espacio. Los testimonios de los usuarios en este sentido se mantienen cuarenta años después.[12]

Otra de las características que hace diferente a esta iglesia de las demás es la riqueza de sus espacios intermedios o de tránsito. El descubrimiento del espacio es secuencial, en espiral, a partir de un magnífico atrio que se utiliza, como debe ser, para que los fieles se relacionen entre sí y formen comunidad. Este espacio se usa mucho, ya que el clima poblano es muy lluvioso en determinados momentos del año. Además, el acceso al templo se produce desde un patio interior, lleno de arbolado y vegetación, algo no muy frecuente ni en la ciudad de Puebla, ni en la colonia de Huexotitla.

Huexotitla —la colonia en la que se construyó esta iglesia— estaba habitada por residentes de nivel económico alto, intelectuales en su mayor parte. Se quería, expresamente, un edificio que encarnara otra manera de ver la Iglesia católica, alejada de los tópicos barrocos o indigenistas del entorno. Por eso se combinó un diseño geométricamente complejo con un resultado aparentemente sencillo, de comprensión inmediata. El edificio se pudo considerar terminado en 1975 e inmediatamente se convirtió en un icono urbano. El éxito fue total. De ahí que no podamos hablar propiamente de una iglesia de barrio, ya que en la actualidad es usada por fieles tanto foráneos como ajenos a la colonia.

Las decisiones de proyecto se consensuaron hasta el punto de integrar imágenes de vanguardia con imaginería antigua, soluciones constructivas novedosas con ejecución artesanal —lo que le quita precisión al edificio pero le añade encanto—, eclesiología postconciliar con idiosincrasia local, etc. Todo ello hace de esta obra una pieza esencialmente mexicana, mestiza, intemporal y moderna. Y si existieran referencias —Fisac acaso sería la más evidente— siempre serían elaboraciones intelectuales descubiertas a posteriori, no a priori.

La gestión iconográfica no fue sencilla, aunque en estos momentos todo parezca estar en su sitio. Entre las dos capillas, justo en el centro, se encargó al padre Gerardo López Bonilla, carmelita descalzo, un vitral abstracto del descendimiento de Jesús. Ese vitral preside el acceso a la sacristía y a la cripta de columbarios, y se puede ver desde la avenida. Es la única pieza del proyecto original que se conserva.

María Madre de la Iglesia, Colonia Huexotitla, Puebla, 1969/75; fachada al patio.

Inicialmente el muro testero —las vigas de acero que sostienen las torres— iba a estar presidido por una imagen en piedra de la Virgen titular. El arquitecto la había empezado a labrar con un cantero local; era una Virgen encinta y dentro de su vientre el Niño bendecía. Nunca se llegó a poner. En su lugar, los padres colocaron durante muchos años un crucifijo antiguo, y ya en el año 2000 se encargó la gran tabla de reminiscencias bizantinas que actualmente preside la nave.

Por otro lado, una influyente feligresa aficionada al arte donó una imagen de la Virgen de cuatro metros de altura realizada por ella misma en chapa de acero. Se colocó en el muro lateral del templo; a los parroquianos no les gustaba, y después de varios años, consiguieron retirarla y reubicarla en la fachada que da a la calle del centro parroquial, sustituyéndola por un Colegio Apostólico en Pentecostés, de mejor factura. También se incorporó al presbiterio una bonita talla de madera de Nuestra Señora Madre de la Iglesia de corte clásico.

A pesar de que ha tenido adecuaciones en su interior ajenas al arquitecto (confesionarios, sacristía, alguna imagen), cuarenta años después la conservación de la iglesia es excelente, y la vinculación de la comunidad parroquial con el edificio, óptima. Incluso las actuaciones posteriores en la parcela, destinadas a edificar las distintas dependencias de la comunidad religiosa, han mantenido la entonación con la iglesia, aunque no su mismo lenguaje. El edificio tiene vida propia y sus usuarios lo han hecho suyo. Y el arquitecto puede sentirse satisfecho de haber realizado adecuadamente su trabajo, a pesar de que ya nadie se lo reconozca.

LA IGLESIA DE LAS ÁNIMAS (1982/85)

La iglesia parroquial de Nuestra Señora de la Esperanza, ubicada en el fraccionamiento de Las Ánimas, se construyó quince años más tarde, en unos momentos en que la ciudad de Puebla estaba cambiando profundamente.[13] La gente dejaba el centro histórico para irse a vivir en las colonias de la periferia. Fernando Rodríguez Concha ya era un arquitecto conocido: profesor y fundador de la UPAEP, profesional de éxito y agitador urbano. Trabajaba desde hacía unos años con el ingeniero Quintana, realizando edificios tan populares en la ciudad como el Centro Comercial Plaza Dorada o el parque recreativo zoológico Africam Safari.

En este caso, la iniciativa partió de otro ingeniero, Antonio Elizaga Ruiz-Godoy, que había donado unos solares pertenecientes a su familia para construir una iglesia en la colonia donde vivía. El proyecto quedó marcado por este hecho, tanto en su origen como en su evolución. En un viaje a San Francisco, Elizaga había conocido la catedral de Santa María de la Asunción, proyectada por Pietro Belluschi y Pier Luigi Nervi pocos años antes (1967/71). Le pareció un modelo adecuado y le pidió a Fernando Rodríguez Concha que trabajara sobre ella y la adaptara al lugar. Los problemas de escala eran evidentes, y el aspecto un tanto bizarro de aquella estructura sin duda sirvió de referencia, pero en absoluto de modelo. De hecho, en México ya había mejores ejemplos a los que acudir, empezando por los de Candela y De la Mora.

Se proyectó un edificio que pudiera ser construido por partes, según se iban encontrando fondos. Hay que tener en cuenta que en ambas iglesias —Huexotitla y Las Ánimas— la Comisión Pro-templo estaba —sigue estando— formada íntegramente por fieles laicos y tiene mucho peso, tanto en el momento de la edificación del inmueble como en su conservación.[14] Desde un punto de vista financiero, era importante dotar al edificio de una cripta-columbario que permitiera su mantenimiento a lo largo del tiempo. Fue lo primero que se construyó, junto con los locales parroquiales y la cimentación de los cuatro paraboloides hiperbólicos de hormigón armado. Mientras, la misa se celebraba en el mismo solar, bajo una lona. En el semisótano se realizó una capilla que se utilizó como lugar de celebración provisional mientras duraba la obra. La capilla de uso diario, dedicada a la Virgen de Guadalupe, es una capilla funeraria vinculada con la cripta. Debido a las limitaciones económicas, la obra tardó diez años en acabarse.

Desde un punto de vista estructural los cuatro paraboloides son independientes y tienen un movimiento autónomo. Por eso, las franjas de vidrio sin carpintería que cierran los intersticios están diseñadas para permitir ese movimiento. Lo mismo ocurre con el cerramiento perimetral, que a pesar del ingenioso sistema de agarre de los vidrios —y de la holgura prevista— tuvo que ser recortado algunos años después por su parte superior. En cualquier caso la economía del conjunto fue un factor primordial. Por ejemplo, las cimbras de madera de los paraboloides se utilizaron como encofrado perdido,

Nuestra Señora de la Esperanza, Fraccionamiento Las Ánimas, Puebla, 1982/85; detalle de la ejecución de los paraboloides.

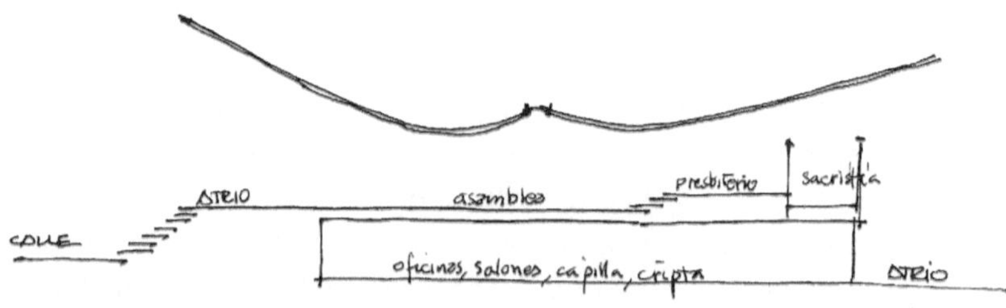

La sección. Dibujo de Fernando Rodríguez Concha.

El atrio de entrada.

Espacio posterior y semisótano.

y actualmente se muestran como un revestimiento interior. Lo mismo ocurre con el hormigón visto de todo el conjunto, que posibilita una lectura brutalista de la arquitectura y, simultáneamente, un bajo mantenimiento de la misma. La cubierta cuenta con un acabado impermeabilizante sintético con fibra de vidrio de color verde pálido.

Rodríguez Concha contó con la colaboración de los ingenieros Elizaga y Quintana, de Jesús Corro Ferrer (elementos interiores) y del joven arquitecto, prematuramente desaparecido, Juan Pablo Morales García (reja exterior y cruz monumental). Precisamente, la construcción de la reja desvinculó al edificio de su contexto más

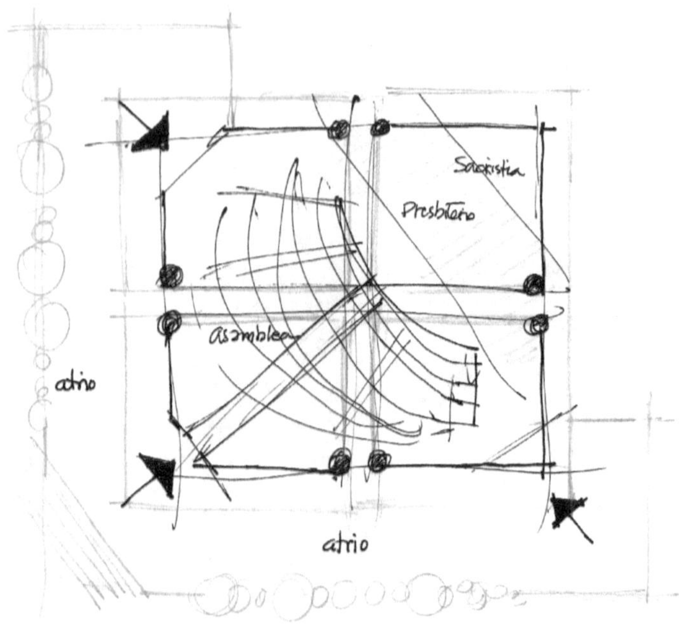

La planta. Dibujo de Fernando Rodríguez Concha.

inmediato, dejándolo completamente encerrado. Aún así, los espacios perimetrales, donde la estructura se manifiesta con toda su potencia, son realmente magníficos.

Dentro de la iglesia la disposición de los fieles es diagonal. Esto contradice, en cierto sentido, la planta cuadrada del conjunto, haciendo que el espacio no tenga una lectura perfecta. Pero en aquel momento no había en Puebla ninguna iglesia de planta central. Nunca se pensó en centralizar el altar, y finalmente el presbiterio se localizó en la esquina sur de la nave. El retablo —diseñado por el mismo arquitecto— está presidido por una talla de Nuestra Señora de la Esperanza, titular de la iglesia, traída de Italia. Desde ella parte la gracia. Por eso, hacia los lados y a modo de cascada iconográfica aparecen los

La iglesia desde el exterior.

símbolos de los sacramentos, a partir de los escudos del entonces arzobispo de Puebla, monseñor Huesca Pacheco, y del papa Juan Pablo II. Tras el retablo se ubica la sacristía, ligeramente rehundida, y a su costado —también bajo la cota de la nave— el baptisterio.

Decíamos que la iglesia se puso bajo la advocación de Nuestra Señora de la Esperanza. Tradicionalmente esta advocación representa a María embarazada, en actitud orante mientras el Niño Dios se desarrolla en su seno. Pero en esta iglesia, debido al momento eclesiológico concreto que estaba viviendo el país, la advocación parece tener otro significado. Como en el caso de Huexotitla, María se ve más como Madre de la Iglesia, que aporta esperanza a los fieles durante un periodo especialmente convulso de su historia. Si la iglesia anterior

La nave.

coincidía con el inmediato momento postconciliar que llenó de dudas al papa Pablo VI,[15] esta iglesia se construye en unos años en que la lectura político-marxista de la teología estaba en su momento de mayor expansión. En esta iglesia se colocó el altar en vidrio —diseñado por Rodríguez Concha— que Juan Pablo II había utilizado pocos años antes en la multitudinaria misa de la explanada del Seminario Palafoxiano, el 28 de enero de 1979. Esta misa inauguró la III Conferencia General del Episcopado Latinoamericano (CELAM), que puso a Puebla en el mapa del catolicismo mundial (cf. CELAM, 1979).

El trabajo con la vigorosa Comisión Pro-templo generó distintos momentos de tensión que no siempre se resolvieron bien para los técnicos. Varios pasaron por allí, pero Rodríguez Concha fue el que más tiempo duró: «Otros arquitectos no tenían el estómago suficiente para aguantar» (Rodríguez Concha, 2014). Por ejemplo, el arquitecto diseñó los vitrales que iban a cerrar la cruz de luz que dejan los cuatro paraboloides; pero la Comisión se los encargó a un vidrierista local que había hecho la oferta más económica, y fueron muy mal ejecutados. Lo mismo ocurrió con los cuatro evangelistas que están a los pies de los paraboloides. Al menos el medallón dedicado al

El presbiterio.

Espíritu Santo que corona la nave,, inspirado en el de la Cátedra de
San Pedro, se hizo algo mejor.

La satisfacción de los usuarios con este edificio es alta, aunque no
llega a los índices de Huexotitla.[16] Esto es debido a que las amplias
superficies acristaladas que conforman el cerramiento apenas sepa-
ran visual y acústicamente el espacio de culto de la avenida que la
flanquea, y protegen mal del soleamiento y del frío, a pesar de que
los paraboloides actúan como umbráculo. Pero la razón última de
esta ligera incomodidad de sus usuarios radica en que el edificio se
muere de éxito. Efectivamente, ya desde su creación esta iglesia se
convirtió uno de los lugares de moda, donde cada domingo se juntan
más fieles de los que el edificio puede acoger, aparte de la celebración de bodas y otros eventos religiosos.

Además de ser un hito de la colonia gracias a su singular estética
—muy emparentada con el brutalismo paulista de Joao Vilanova
Artigas o Paulo Mendes da Rocha—, este proyecto cumple muy bien
su función. Sus usuarios son, mayoritariamente, jóvenes y la iglesia
presenta un grado de mantenimiento notable. Incluso el 61% de los
encuestados todavía recuerda el nombre del arquitecto...

EPÍLOGO

No cabe duda de que las iglesias son edificios que hacen ciudad, porque marcan un hito, una referencia en el tejido urbano, sobre todo en una sociedad tan religiosa como la mexicana. Pero también construyen barrio, hacen comunidad. Para eso resultan imprescindibles unos espacios intermedios adecuados, que sirvan para encontrarse, para compartir experiencias. Si el espacio interior de la iglesia ha de ser el espacio de encuentro con la Iglesia total —militante, purgante y triunfante, según la terminología clásica—, sus espacios exteriores son el ámbito propio para el encuentro físico con el prójimo más próximo. Este aspecto de la arquitectura religiosa está trabajado de manera magistral en estas dos iglesias.

La mayor parte de la producción de Fernando Rodríguez Concha ha sido una arquitectura consensuada entre distintos agentes sociales, lo que ha restado protagonismo al arquitecto en favor de una obra de consenso. Además, su actividad ciudadana pronto se volcó en la gestión y docencia universitaria, dejando su trabajo profesional como arquitecto en un segundo plano, siempre a la sombra del titular de la oficina, su buen amigo el ingeniero José Antonio Quintana. Finalmente, el compromiso social de Rodríguez Concha discurrió contracorriente de los medios de opinión mayoritarios; su militancia anticomunista en el México acosado por el castrismo no fue —en este sentido— su mejor carta de presentación. Esto explicaría, en parte, la escasa incidencia bibliográfica de su obra.

No resultaría descabellado afirmar que toda la experiencia política, académica, comunitaria y profesional de un arquitecto se ve reflejada en las iglesias de Huexotitla y Las Ánimas. Unos edificios que cuentan con una aceptación social impresionante, tanto desde el punto de vista urbano, como piezas de referencia en la arquitectura poblana del siglo XX, como desde el punto de vista comunitario, como organismos perfectamente estudiados desde su funcionamiento genérico (ergonomía, acondicionamiento térmico, etc.) y específico (uso litúrgico y evangelizador). Y por esta razón nos atrevemos a proponerlos como síntesis de todo un planteamiento vital en pos de una participación ciudadana en la arquitectura: el compromiso ético y comunitario del arquitecto Fernando Rodríguez Concha.

NOTAS

1 Cf. por ejemplo, Hernández (2010). Además, Santiago de Molina ha dedicado varios escritos en los últimos años a divulgar este tipo de actividades, que pueden consultarse en la publicación digital «La Ciudad Viva» (Molina 2011/14). Sobre Cirugeda, véase Cigureda (2014).

2 Puede encontrarse una entrevista radiofónica, donde el arquitecto explica sumariamente sus distintas facetas profesionales, en Montiel (2012).

3 Pueden verse, entre otros: Louvier *et al.* (2013); Agüera (2008); Quiroz (2006); o Dávila (2003).

4 Todo ello se encuentra ampliamente documentado en la exposición permanente del Memorial que la UPAEP inauguró en su campus central de Puebla el 30 de septiembre de 2014.

5 Sobre la extensión de este modelo a otros docentes de la UPAEP, puede verse el concepto de *profesores solidarios* en Louvier *et al.* (2013), 128.

6 Frase recogida en el primer panel de la exposición-homenaje que tuvo lugar en la UPAEP del 6 al 9 de mayo de 2014.

7 Su nombre no aparece en ninguno de los textos generales sobre arquitectura mexicana contemporánea, como por ejemplo De Anda (2013 y 2005); Canales (2012); Ettinger y Noelle (2013); Ettinger et al. (2013); Noelle (1989); o González (1996). Tampoco aparece en el estudio local de Montero y Mayer (2006), en este caso por la pública y manifiesta enemistad personal por parte del autor principal, a pesar de que los alumnos que efectuaron el trabajo de campo obtuvieron todo el material de su archivo y le hicieron varias entrevistas. Finalmente, es muy poca su obra publicada en revistas, apenas un par de artículos: Obras (1980) y Quintana (2005).

8 Los usuarios califican como *bueno* o *muy bueno* los siguientes aspectos: accesos (94%), funcionalidad (92%), visibilidad (97%), adecuación (97%), temperatura (85%), ventilación (91%), iluminación natural (77%), iluminación artificial (91%), acústica (95%).

9 Sobre la iglesia de Huexotitla existe una documentación variada, imprecisa e incompleta, realizada por visitantes ocasionales y básicamente en formato digital. Además de la tesis de Valerdi, pueden verse: Ruiz Palacios *et al.* (2014); Aletz (2012); López-Tamayo (2008); o Corro (2005).

10   Con Mastretta había proyectado la Torre de Rectoría de la UAP (1970) que nunca se llegó a construir, ya que, finalmente, el rectorado permaneció en su sede del Colegio de la Compañía.

11   Una primera aproximación al proyecto y a su bibliografía puede consultarse en Wikiarquitectura (2013). Para un desarrollo más completo véase García Dávalos (2010).

12   «En ocasiones los padres se perdían tratando de explicar lo inexplicable, pero el silencio en la iglesia era tan rotundo que cualquiera podía seguir el hilo de su pensamiento donde lo había dejado al entrar a misa. Nada mejor para desarrollar una idea que una misa en Huesho. Yo llegué a entender varios pasajes de Dostoievsky, y hasta de Voltaire, acompañado del zumbido del altar» (Aletz, 2012).

13   Como en el caso de Huexotitla, la información sobre esta iglesia también es escasa y poco precisa. Puede verse: Garnet *et al.* (2014); García Rivera (2013); Valerdi (2010); López-Tamayo (2014); o Corro (2005).

14   El peso que tiene este tipo de comisiones en la arquitectura religiosa mexicana anterior a la reforma constitucional de 1992 —que otorgó reconocimiento jurídico a la Iglesia católica—, tiene su origen en la imposibilidad que existía de registrar a nombre de la Iglesia los lugares de culto. Para ello se utilizaron diversos recursos legales, como la interposición de sociedades de fieles o de testaferros, que registraban a su nombre el espacio de reunión, asumiendo su propiedad.

15   «Se creía que después del Concilio vendría un día de sol para la historia de la Iglesia. Por el contrario, ha venido un día de nubes, de tempestad, de oscuridad, de búsqueda, de incertidumbre» (Pablo VI, 1972).

16   Según Valerdi (2010), los usuarios califican como *bueno* o *muy bueno* los siguientes aspectos: accesos (88%), funcionalidad (97%), visibilidad (98%), adecuación (85%), temperatura (30%), ventilación (39%), iluminación natural (97%), iluminación artificial (46%), acústica (88%). La autora explica que los índices relativos a temperatura y ventilación, significativamente más bajos que los otros, se deben a las amplias superficies acristaladas y a que con frecuencia el aforo suele ser superior al 100%.

BIBLIOGRAFÍA

Acevedo y Ponce de León, J.I.; Delgado Machado, A. 2005. *Siendo Universidad con la Comunidad del Barrio de Santiago y su Entorno*, Puebla, UPAEP, 94 p.

Agüera Ibáñez, E., coord. 2008. *El 68 en Puebla: memoria y encuentros*, Puebla, BUAP, 269 p.

Aletz. 2012. *Huescho es amor.* Disponible en: http://sieteciudades.wordpress.com/2012/02/08/huescho-es-amor/. Acceso: 15/09/2014.

Canales González, F. 2012. *Arquitectura en México, 1900-2010. La construcción de la modernidad. Obras, diseño, arte y pensamiento*, México DF, Fomento Cultural Banamex/Instituto Nacional de Bellas Artes/Fundación Aeroméxico, 600 p.

CELAM. 1979. Documento de Puebla. III Conferencia General del Episcopado Latinoamericano. Disponible en: www.celam.org/doc_conferencias/Documento_Conclusivo_Puebla.pdf. Acceso: 30/09/2014.

Cirugeda Parejo, S. 2014. *Recetas urbanas.* Disponible en: www.recetasurbanas.net. Acceso: 18/09/2014,

Concilio Vaticano II. 1963. Constitución Sacrosanctum Concilium sobre la Sagrada Liturgia, 124$3. Disponible en: www.vatican.va/archive/hist_councils/ii_vatican_council/documents/vat-ii_const_19631204_sacrosanctum-concilium_sp.html. Acceso: 02/10/2014.

Corro López, F. 2005. *Semblanza del arquitecto Fernando Rodríguez Concha,* Puebla, Trabajo de titulación, UPAEP, sin paginar.

Dávila Peralta, N. 2003. *Las santas batallas. El anticomunismo en Puebla*, Puebla, BUAP, 254 p.

De Anda Alanís, E.X. 2005. *Una mirada a la arquitectura mexicana del siglo XX (Diez ensayos)*, México DF, Conaculta, 204 p.

De Anda Alanís, E.X. 2013. *Historia de la arquitectura mexicana,* Barcelona, Gustavo Gili, 295 p.

De Molina Rodríguez, S. 2011/14. *La Ciudad Viva* (diversos artículos publicados entre el 10 de marzo de 2011 y el 16 de septiembre de 2014). Disponible en: www.laciudadviva.org/blogs/?author=59. Acceso: 22/10/2014.

De Molina Rodríguez, S. 2014. *Un oscuro pasado: Álvaro Siza y la participación.* Disponible en: www.laciudadviva.org/blogs/?p=25713. Acceso: 17/09/2014.

Ettinger, C.R.; Noelle, L. coords. 2013. *Los Arquitectos Mexicanos de la Modernidad. Corrigiendo las omisiones y celebrando el compromiso*, Morelia, Universidad Autónoma de San Luis Potosí/Universidad Michoacana de San Nicolás de Hidalgo/DOCOMOMO México, 323 p.

Ettinger, C.R.; López, J.J.; Mendoza Pérez, L.A. coords. 2013. *Otras modernidades. Arquitectura de la modernidad en el interior de México*, Morelia, Miguel Ángel Porrúa Editores/Universidad Autónoma de Aguascalientes/Universidad Michoacana de San Nicolás de Hidalgo/Universidad de Colima, 294 p.

García Dávalos, L.A. 2010. *Una Oración Plástica… Capilla de Nuestra Señora de la Soledad del Altillo*, México DF, Misioneros del Espíritu Santo, 171 p.

García Rivera, R. 2013. *Entre parábolas y paraboloides. La iglesia de Nuestra Señora de la Esperanza en Puebla.* Disponible en: www.revistainsighters.com.mx/ arte-y-diseno/entre-parabolas-y-paraboloides-iglesia-de-nuestra-senora-de- la-esperanza-en-puebla/. Acceso: 12/09/2014.

Garnet Carbajal, P.; Maldonado Espino, M.; Olea, C. 2014. «Iglesia de las Animas», Puebla, Trabajo para el Taller de Crítica Urbano-Arquitectónica, UPAEP, sin paginar.

González Cortázar, F. 1996. *La Arquitectura Mexicana del Siglo XX*, México, CONA-CULTA, 530 p.

Hernández García, J. 2010. *Arquitectura, participación y hábitat popular*, Bogotá, Siglo del Hombre, 118 p.

López-Tamayo Biosca, E. 2008. *Parroquia Nuestra Señora de la Esperanza* (Puebla de los Ángeles) México. Disponible en: www.flickr.com/photos/eltb/ sets/72157610162837725/. Acceso: 15/09/2014.

López-Tamayo Biosca, E. 2014. *Parroquia María Madre de la Iglesia* (Puebla de los Ángeles) México. Disponible en: www.flickriver.com/photos/eltb/ sets/72157619345222838/. Acceso: 23/10/2014.

Louvier Calderón, J.A.; Díaz Cid, M.A.; Arrubarrena Aragón, J.A. 2013. *Autonomía Universitaria. Génesis de la UPAEP,* Puebla, UPAEP, 173 p.

Montero Pantoja, C.; Mayer Medel, M.S. 2006. *Arquitectos e Ingenieros poblanos del siglo XX*, Puebla, BUAP, 771 p.

Montiel Flores, A. 2010. Arq. Fernando Rodríguez Concha (entrevista radiofónica, 53 min.). Disponible en: www.mixcloud.com/alexmontielflores/modulor-04-arq-fernando-rodriguez-concha-24092012/. Acceso: 15/09/2014.

Noelle, L. 1989. *Arquitectos contemporáneos de México*, México DF, Trillas, 171 p.

Obras. 1980. El primer centro comercial de Puebla, Obras 93:28-35.

Pablo VI. 1964. *María Madre de la Iglesia. Discurso a los padres conciliares al concluir la tercera sesión del Concilio Ecuménico, 21 de noviembre.* Disponible en: www.mercaba.org/PABLOVI/pablo_vi_maria_madre_iglesia.htm. Acceso: 01/10/2014.

Pablo VI. 1972. El humo de Satanás ha entrado en el templo de Dios. Homilía de la Misa por el IX Aniversario de su Coronación en la Solemnidad de san Pedro y san Pablo, 29 de junio. Disponible en: http://radiocristiandad.wordpress.com/2012/07/03/infeliz-aniversario-iglesia-40-anos-con-el-diablo-adentro/. Acceso: 02/10/2014.

Quintana Fernández, J.A. 2005. Edificio Ficus. En: *IX Reseña de Arquitectura. México-Latinoamérica,* México DF, Enlace Arquitectura y Diseño, p. 71-74.

Quiroz Palacios, A. 2006. *Las luchas políticas en Puebla 1961-1981,* Puebla, BUAP, 237 p.

Rodríguez Concha, F. 2014. Declaraciones personales a los autores, realizadas en su despacho de la UPAEP, entre los meses de septiembre y octubre.

Ruiz Palacios, H.; Guillén Velazco, E.; Hernández Vásquez, O.; Aquino Rosas, J. 2014. «Templo María Madre de la Iglesia», Puebla, Trabajo para el Taller de Crítica Urbano-Arquitectónica, UPAEP, sin paginar.

Siza Vieira, A. 2014. *Textos*, Madrid, Abada, 238 p.

Valerdi Nochebuena, M.C. 2010. *Evaluación del diseño de los templos católicos en relación a la liturgia de CVII en la ciudad de Puebla (1965-1999)*, Puebla, Tesis Doctoral BUAP, sin paginar.

Wikiarquitectura. 2013. Capilla de Nuestra Señora de la Soledad. Disponible en: http://es.wikiarquitectura.com/index.php/Capilla_de_Nuestra_Se%C3%B1ora_de_la_Soledad. Acceso: 01/10/2014.

CÓMO PROYECTAR ARQUITECTURA RELIGIOSA

La teología del espacio según Fray Gabriel Chavez de la Mora

Con Verónica Lorena Orozco Velázquez

Comunicación presentada al II Seminario Internazionale «Architettura e liturgia: autonomia e norma nel progetto» (20/03/2015), *Dies Domini* Centro studi per l'architettura sacra e la città/Fondazione Lercaro (Bolonia). Actas en proceso de edición.

INTRODUCCIÓN

Fray Gabriel Chávez de la Mora (Guadalajara, México, 1929) es un arquitecto, artesano y sacerdote benedictino prácticamente desconocido fuera de su país de origen, México. A pesar de haber proyectado y construido muchas e importantes iglesias (como por ejemplo la nueva basílica de Nuestra Señora de Guadalupe en México DF, 1972/75) y de haber sido requerido como asesor de distintos organismos eclesiásticos nacionales e internacionales, su trabajo no ha podido ser visualizado en su conjunto hasta la exposición retrospectiva que se realizó sobre su obra en 2006, reflejada en un catálogo (2006) y una publicación ampliada (2010) que apenas han tenido difusión fuera de México.

En sus más de cincuenta años de ejercicio profesional, fray Gabriel ha tenido la oportunidad de sistematizar el proceso de proyecto de una iglesia parroquial en diversas ocasiones. Su proyecto fin de carrera (centro parroquial San José de Analco en Guadalajara, 1955) trató, precisamente de este tema. Inmediatamente después, su obispo le pidió que elaborase un centro parroquial tipo que pudiese repetirse fácilmente en su diócesis, Guadalajara. Así surgieron una serie de dibujos que sintetizan de un modo gráfico cómo debe proyectarse una iglesia parroquial. Son dibujos con un alto contenido teológico, litúrgico y pastoral, pero que también muestran un extraordinario sentido práctico por parte de su autor, ya que consideran hasta los detalles más nimios que influyen en el diseño de un lugar de culto católico.

Tras la publicación de la constitución *Sacrosanctum Concilium*, fray Gabriel reunió todas estas reflexiones en el pequeño folleto *Programa arquitectónico para un centro parroquial* (1982); luego las ha ido explicando y desarrollando en diversos foros, como congresos de arte sacro, encuentros con responsables de patrimonio de la Conferencia Episcopal Mexicana, conferencias por invitación, etc. Sus reflexiones gráficas —que él reconoce que aprendió de su maestro, el arquitecto Ignacio Díaz Morales en sus años escolares— se refieren tanto a obras de nueva planta como a reacondicionamientos litúrgicos de edificios existentes.

Pedro Ramírez Vázquez, José Luis Benlliure Galán, Fray Gabriel Chávez de la Mora *et al.*, Nueva basílica de Nuestra Señora de Guadalupe, Ciudad de México, 1972/75.

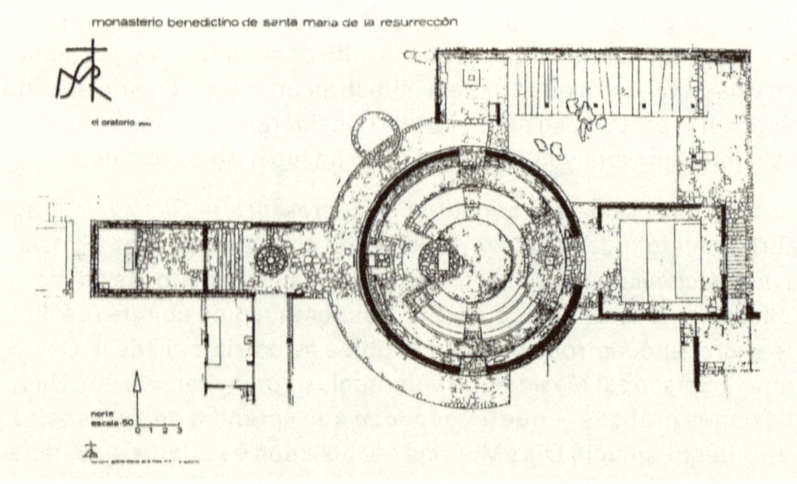

Fray Gabriel Chávez de la Mora, Capilla del monasterio benedictino de Santa María de la Resurrección, Cuernavaca (México), 1957; planta.

Apoyándose en fuentes inéditas procedentes del archivo del arquitecto, esta ponencia pretende mostrar de forma muy esquemática el sistema que utiliza fray Gabriel para visualizar un programa de un centro parroquial, de modo que su proyecto resulte más sencillo.

LA PROGRAMACIÓN DEL ESPACIO SAGRADO

Fray Gabriel parte del análisis del usuario —el ser humano—, que concibe como un ser integral, compuesto de materia y espíritu, que necesita satisfacer necesidades físicas, intelectuales, espirituales, materiales, afectivas y religiosas; necesidades que lo abocan a la búsqueda de la perfección —la belleza— y al encuentro con Dios.

Partiendo de lo anterior y apoyándose de la triada vitruviana (*firmitas*, *utilitas* y *venustas*), primero analiza las necesidades, luego las traduce en espacios y mobiliario, para finalmente llegar a la definición de los aspectos sensoriales y ambientales necesarios para generar el espacio de culto. El análisis del usuario deriva en la definición del programa arquitectónico, en este caso, del espacio litúrgico.

Ahora bien; para poder establecer esta programación de espacios vinculados a las necesidades del usuario y para alcanzar el fin último de la arquitectura destinada al culto divino, el espacio debe contribuir a que la liturgia se exprese como la cumbre a la que tiende toda la actividad de la Iglesia y el manantial de donde dimana su fuerza (cf. *Sacrosanctum Concilium*, 10). Por eso, el espacio debe colaborar a que la liturgia pueda operar adecuadamente en los fieles, potenciado su acción en tres campos primordiales: *concienciación*, *celebración* y *santificación* (*fructificar*).

Así, el espacio se concibe como el lugar que alberga al Cuerpo de Cristo —la Iglesia—, compuesto por los laicos bautizados, los religiosos consagrados y los clérigos ordenados, teniendo como cabeza a Cristo sacerdote en sus tres facetas de rey, profeta y pastor. De aquí emanan los tres polos litúrgicos fundamentales como ejes del espacio presbiteral: la sede, el ambón y el altar.

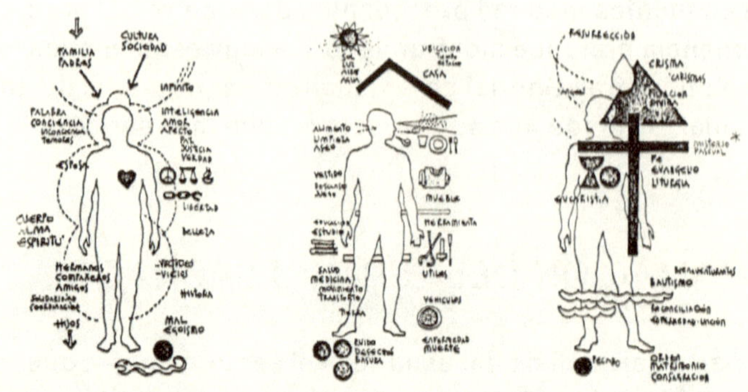

Fray Gabriel Chávez de la Mora, El ser humano en su triple dimensión personal, material y espiritual.

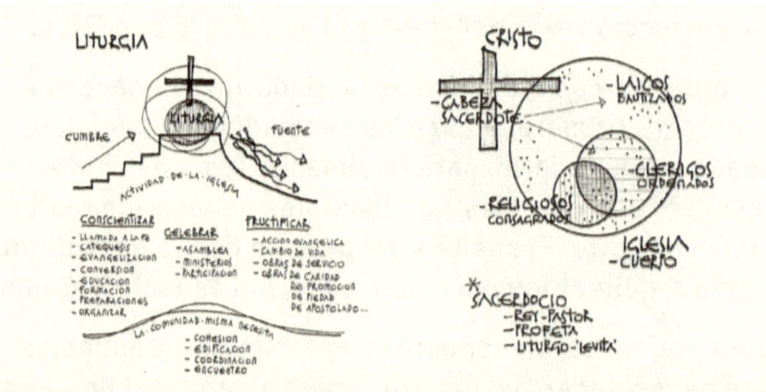

La liturgia, cumbre y fuente de la actividad de la Iglesia (izq.); Cristo, cabeza de la Iglesia, su cuerpo místico (der.).

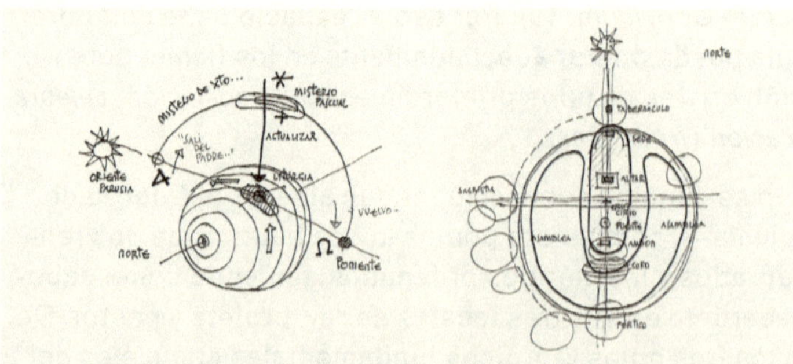

La dimensión cósmica de la liturgia (izq.); La ordenación cósmica del espacio de culto (der.).

Fray Gabriel sostiene que la misión fundamental de la acción litúrgica es doble: glorificar a Dios (sentido espacial ascendente) y santificar al pueblo (sentido espacial descendente), actualizando el misterio pascual de Cristo y permitiendo que los fieles participen activamente en él.

La dimensión cosmológica de este misterio se debería visualizar también a través de la orientación ritual del espacio, partiendo de la antigua tradición cristiana que entiende el Oriente como fuente de la vida y de luz, del nacimiento de Cristo y de su Parusía, y el Poniente como el lugar del retorno a la casa del Padre. Esta idea se traduce espacialmente en un recorrido que comienza con la ubicación del pórtico de acceso al Poniente y termina con el tabernáculo al Oriente, teniendo en el espacio intermedio el ambón, el altar y la sede, rodeados por la asamblea de los fieles.

Ciñéndose al caso concreto de un centro parroquial, fray Gabriel establece un programa arquitectónico muy completo, que incluye todos los elementos básicos que deben integrarlo. Primero un atrio o lugar de encuentro, en donde se procura establecer un tránsito entre el espacio profano y el espacio sacro. Vinculado al atrio sugiere establecer un paquete de servicios comunes, como baños, servicios pastorales, estacionamiento, etc. El acceso al templo también debería producirse desde el atrio, procurando disponer de un espacio transitorio a manera de nártex que se conecte con otros ámbitos secundarios, como las criptas, la sacristía anterior o las capillas de adoración perpetua y de reconciliación, y vestibule el acceso a la nave y al lugar de la celebración litúrgica.

Ya dentro del espacio de culto, fray Gabriel sugiere que se destine un espacio específico para el coro dentro de la propia asamblea, con la intención de que forme parte de la misma y no se excluya de ella, como antiguamente se hacía. La integración del lugar para los confesionarios también debería ser muy evidente. Con respecto al lugar de la celebración litúrgica, establece un pre-santuario arquitectónicamente muy bien definido, y que entiende como el lugar propio para las celebraciones sacramentales; ese es uno de los posibles lugares donde se podría ubicar la pila bautismal.

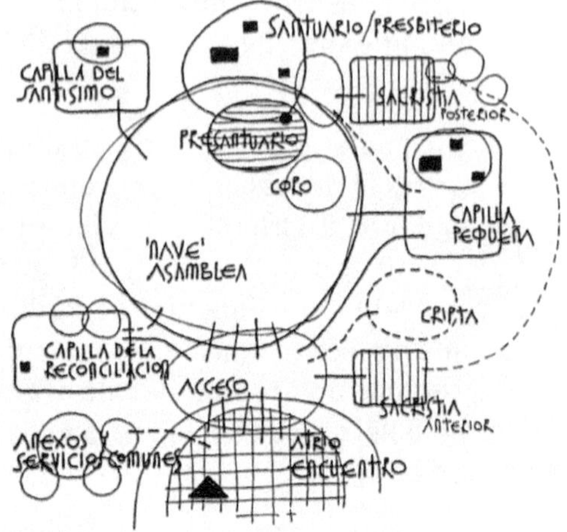

El conjunto cultual.

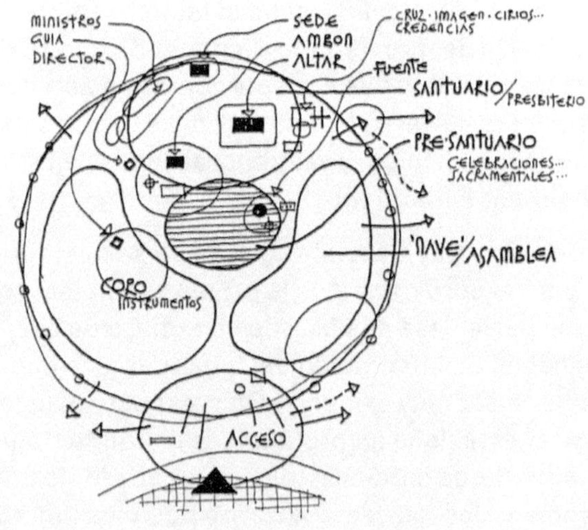

El lugar de la celebración litúrgica.

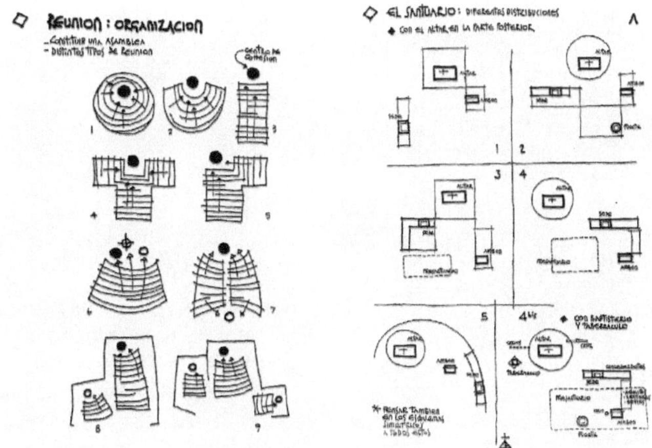

Constituir una asamblea: distintos tipos de reunión (izq.); El santuario:
diferentes distribuciones (der.).

El espacio del ambón tiene para fray Gabriel una distribución muy particular, pues lo ubica en parte dentro del pre-santuario y en parte en el
santuario o presbiterio. Esto se explica desde la experiencia litúrgica,
ya que prevé espacios especiales para los ministros, los guías y el
director. El presbiterio, a su vez, deberá estar provisto de ambón, altar,
sede, una cruz presidiéndolo, la imagen del patrón de la iglesia, el
cirio pascual y varias credencias, según sea el tamaño del presbiterio.

Cuando fray Gabriel habla del lugar y de la organización de la asamblea, subraya un aspecto preponderante de la liturgia: su dimensión
comunitaria. Esto supone hablar de un binomio indivisible compuesto por el presbiterio y la nave. Por lo tanto, buscará sistemáticamente
que la asamblea envuelva al presbiterio, y se logre, con ello, la mayor
integración posible del pueblo con el sacerdote en la acción litúrgica.

De igual manera, al hablar de las posibles soluciones para el santuario o presbiterio, fray Gabriel apuesta siempre por lograr la mayor funcionalidad en relación con las actividades que lleva a cabo el sacerdote dentro del espacio, en cada uno de los momentos de la misa.

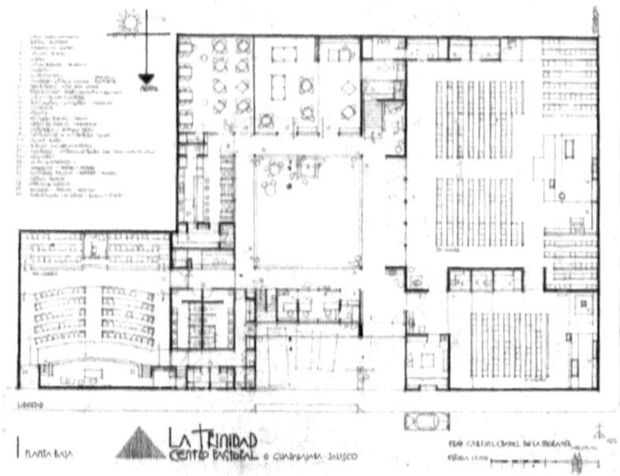

Fray Gabriel Chávez de la Mora,
Centro Pastoral La Trinidad,
Guadalajara (México), 1975,
proyecto; planta baja.

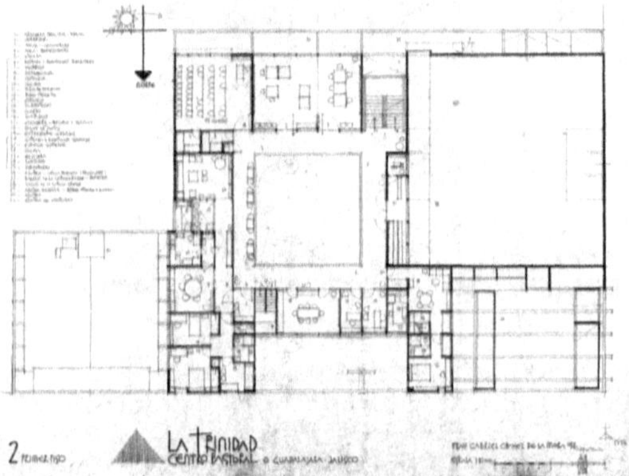

Planta primera.

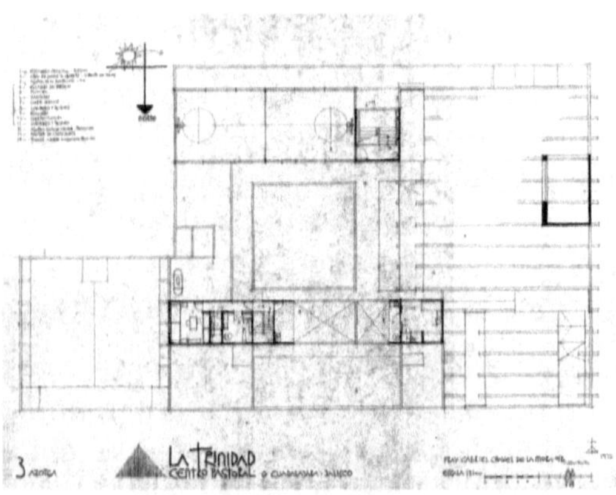

Planta segunda.

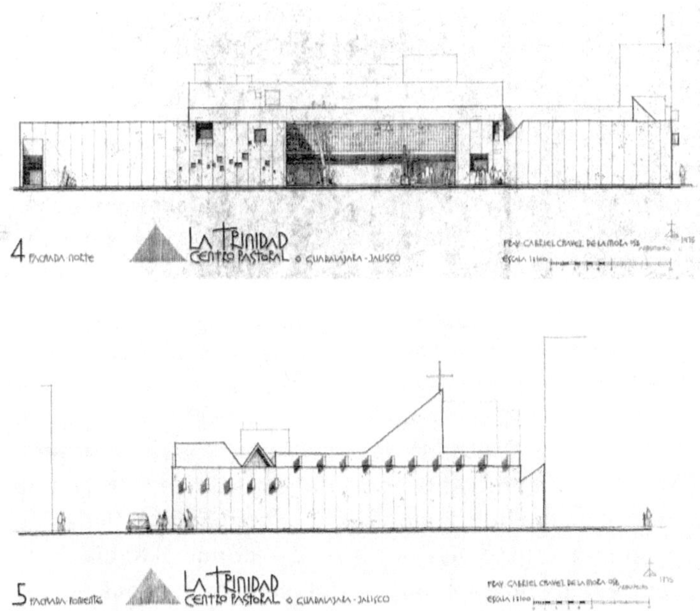

Alzados.

UN CASO CONCRETO

Por último, nos gustaría mostrarles un prototipo de centro parroquial pensado para la ciudad de Guadalajara (Jalisco, México, 1975), en donde fray Gabriel quiso sentar las bases de un modelo arquitectónico que integrase todos y cada uno de los principios teológicos y funcionales ya comentados al servicio de la liturgia.

Comienza diseñando el espacio celebrativo como una gran asamblea con disposición cuadrangular, colocando el presbiterio en el eje de la misma y anexando de manera lateral la capilla del Santísimo. Luego, va disponiendo alrededor del aula litúrgica una serie de servicios pastorales complementarios, como auditorio, aulas de usos múltiples, oficinas, cafetería, aseos, almacenes y zona de juegos.

Curiosamente, la orientación del espacio de culto se realiza según el eje Oriente-Poniente, pero el que mira hacia Oriente es el sacerdote, no los fieles.

Otro aspecto interesante del edificio desde el punto de vista formal es que no tiene aberturas al exterior, provocando con ello que los espacios se vuelquen hacia el interior y no hacia la calle, aislándolo de la contaminación auditiva tan frecuente en las ciudades mexicanas.

CONCLUSIÓN

Fray Gabriel Chávez de la Mora fue un espectador de primer orden del proceso postconciliar de renovación del espacio de culto, hasta extremos personales que podríamos calificar como dramáticos. De hecho, su primer monasterio en Cuernavaca —donde él había diseñado una capilla espacialmente muy novedosa para la época— fue clausurado por ser cuna de heterodoxias doctrinales y disciplinarias, y sólo algunos años después pudo volver a vivir vida comunitaria en un nuevo edificio completamente diseñado por él mismo, esta vez en Tepeyac, al norte de la Ciudad de México. Sin duda, su experiencia personal le llevó a no dejarse influir por modas o tendencias momentáneas, aunque vinieran indicadas por sus superiores inmediatos. Este doloroso proceso, todavía sin documentar suficientemente, le hizo estudiar con profundidad la teoría de la Iglesia en lo que respecta a la construcción de espacios para el culto y a contrastarla con su propia experiencia como constructor de iglesias, generando una obra en donde las leyes intrínsecas de la arquitectura interactúan con las leyes eclesiásticas con una naturalidad asombrosa.

Hasta la fecha, fray Gabriel no ha escrito un manual (cosa que sería muy deseable) que ayude a los arquitectos a realizar espacios para el culto. Sólo ha impartido clases y ha dictado algunas conferencias. Falta, por tanto, poner en orden el material que él ha acumulado a lo largo de su extensa carrera (que, sin duda, él tiene en su cabeza y en sus archivos personales) para darlo a conocer al público en general.

BIBLIOGRAFÍA

Por su condición de monje benedictino, fray Gabriel no abandona su clausura con facilidad ni se prodiga en apariciones públicas. Estas apariciones se limitan a algunas clases en seminarios conciliares o en escuelas de arquitectura. De sus apuntes y de las notas tomadas por sus oyentes se han extraído las líneas de su pensamiento. Asimismo, buena parte de las imágenes se han obtenido de las presentaciones que algunos alumnos se han atrevido a solicitarle al terminar la sesión. Es el caso de la arquitecta Verónica Orozco, coautora de este escrito, que cuenta en su archivo personal con tres de estas intervenciones.

La bibliografía sobre fray Gabriel Chávez de la Mora es escasa y está muy dispersa. Con motivo de la exposición de su obra, se realizó un catálogo en dos versiones, corta (2006) y larga (2010), de gran formato y abundante material gráfico a todo color. Son libros ya descatalogados, que sólo se encuentran a la venta en la tienda de recuerdos de la Abadía del Tepeyac, donde vive fray Gabriel. La referencia es la siguiente:

- Guillermo Plazola Anguiano, *Arquitecto Fray Gabriel Chávez de la Mora* (México: Plazola Editores, 2006 y 2010).

Hasta ese momento, la única monografía sobre nuestro autor la había realizado el año anterior el arquitecto y profesor Alberto González Pozo, autor él mismo de varias iglesias. Es una publicación más sencilla aunque también más analítica, que da una visión personal de nuestro arquitecto.

- Alberto González Pozo, *Gabriel Chávez de la Mora*. Guadalajara: ITESO/Secretaría de Cultura Jalisco/Universidad de Guadalajara, 2005.

Más allá de estas publicaciones, el pensamiento de fray Gabriel hay que rastrearlo en las actas de distintos congresos que sobre arte y arquitectura religiosa se celebraron en México durante los últimos treinta años. Pueden verse, por ejemplo:

- *¡Qué labor del pintor de Belén!*, Actas del Primer Seminario Nacional de Arte Sacro (Colima, 8-11 de marzo de 1982). Comisión Nacional de Arte Sacro: México, 1983.

- José Alfonso Licéaga (coord.), *La dignidad del espacio celebrativo*, Memoria del II Congreso Arquidiocesano de Arte Sacro (México DF, 14-16 de noviembre de 2001). México DF: Conaculta/Comisión de Arte Sacro de la Arquidiócesis de México, 2001.

LOS GRANDES SANTUARIOS MARIANOS EN LATINOAMÉRICA
Una mirada desde el Concilio Vaticano II

Comunicación presentada al IV Congreso Internacional de Arquitectura Religiosa Contemporánea 'Latinoamérica y el Concilio Vaticano II: influencias, aportaciones, singularidades', Puebla (México), 21-24 de octubre 2015. Actas en proceso de edición.

INTRODUCCIÓN

En la antigua capilla UPAEP existía un conjunto de láminas que, a lo largo de los años, habían traído estudiantes de intercambio por encargo de la Junta de Gobierno de la universidad. Eran cuadros que representaban a las veintiuna advocaciones marianas que amparan a cada uno de los países de Latinoamérica.

Siempre he pensado cómo serían los santuarios de peregrinación que alojan a esas imágenes. Sin duda, se trata de edificios que están muy presentes en el imaginario colectivo de cada nación, y que influyen en las personas que toman las decisiones, sean obispos, párrocos, fiscales, comisiones de arte sacro o simples asociaciones de fieles.[1]

Por eso, mi contribución a este IV Congreso Internacional de Arquitectura Religiosa Contemporánea centrado en el tema «Latinoamérica y el Concilio Vaticano II. Influencias, aportaciones, singularidades» consistirá en realizar un recorrido panorámico por estas veintiuna iglesias —todas ellas llevan el título de basílicas—, con el objetivo de radiografiar cómo es la arquitectura religiosa en estos países, al menos en sus principales líneas de fuerza.

REFLEXIONES GENERALES

Una de las primeras cosas que pude constatar es que, desde el punto de vista historiográfico, estos templos son prácticamente desconocidos. Otra de las sorpresas, aunque relativa, es que la mayoría fueron construidos durante el siglo XX.

De los veintiún edificios que nos ocupan, sólo cinco datan de la época colonial: Perú, Bolivia, Nicaragua, Guatemala y Colombia. Otros países también contaron con edificios de esa época, que luego, como veremos, fueron sustituidos por iglesias de mayor tamaño. Se trata de arquitecturas magníficas, levantadas en estilos que van del barroco churrigueresco peruano al relativamente sobrio neoclásico

Antigua capilla de la **UPAEP**, Puebla (México).

colombiano; piezas muy apreciadas por los fieles, que a lo largo de los siglos las han ido enriqueciendo con valiosas obras de arte.

Otros seis, más recientes, fueron proyectados y construidos tras la independencia de sus países: Uruguay, Costa Rica, Cuba, Ecuador, Argentina y El Salvador. Desde el punto de vista arquitectónico, se enmarcan dentro de los revivales que se pusieron de moda durante el siglo XIX y pervivieron hasta bien entrado el siglo XX: neoclásico, neobarroco, neogótico, neobizantino, neocolonial, ecléctico... Hay un ejemplo de cada uno de ellos, en lo que resulta un buen catálogo de la arquitectura que se produjo en Latinoamérica durante un periodo que abarca unos cien años.

De izquierda a derecha y de arriba a abajo: Fray Miguel de Orenes, Nuestra Señora de la Merced, Lima (Perú), 1525/35 ca.; Francisco Jiménez de Sigüenza, Virgen de la Candelaria, Copacabana (Bolivia), 1610/51; Nuestra Señora la Inmaculada Concepción de El Viejo, El Viejo Chinandega (Nicaragua), 1650/80 ca.; Nuestra Señora del Rosario (iglesia de Santo Domingo), Ciudad de Guatemala (Guatemala), 1792/1808; Fray Domingo de Petrés, Nuestra Señora del Rosario, Chiquinquirá (Colombia), 1796/23.

De izquierda a derecha y de arriba a abajo: Virgen de los Treinta y Tres, Florida (Uruguay), 1887/08; Lluis Llach Llagostera, Nuestra Señora de los Ángeles, Cartago (Costa Rica), 1912/24; Federico Navarro, Virgen de la Caridad del Cobre, Santiago de Cuba (Cuba), 1918/27; Nuestra Señora de la Presentación del Quinche, Quito (Ecuador), 1905/28; Ulrico Curtois, Nuestra Señora de Luján, Luján (Argentina), 1890/1935; William Kirk, Nuestra Señora de la Paz, San Miguel (El Salvador), 1862/1962.

Autor desconocido, *Notre-Dame du Perpétuel Secours (Chapelle du Bel-Air)*, Port-au-Prince (Haití), 1880/90 ca.; ruinas.

Finalmente, nos encontramos con el grupo de nueve edificios que más nos interesan: los que se terminaron de construir tras el Concilio Vaticano II.

Antes de continuar, me gustaría decir que apenas he encontrado información sobre la basílica de Nuestra Señora del Perpetuo Socorro (*Notre-Dame-du-Perpétuel-Secours*) en Puerto Príncipe (Haití), también llamada *Chapelle du Bel-Air*, por el barrio en donde se levantaba. Curiosamente, es el único país de lengua francesa en el área, y además, el edificio fue completamente destruido por el terremoto que asoló el país en enero de 2013.

Entre los santuarios postconciliares podemos hacer tres grupos: los historicistas, los modernos y los que se están construyendo en la actualidad.

Miguel Angel Alfaro Decoud, Nuestra Señora de los Milagros, Caacupé (Paraguay), 1940/80.

SANTUARIOS POSTCONCILIARES HISTORICISTAS

Veamos, primero, tres edificios difícilmente clasificables.

Paraguay

A unos 50 kilómetros al este de Asunción, la capital del país, se halla
el santuario de Nuestra Señora de los Milagros de Caacupé. Cuenta
la leyenda que en el año 1600, un indio guaraní, tras ser salvado por la
Virgen, esculpió dos figuras de María: una grande, destinada a la iglesia, que luego se perdió, y otra pequeña, que es la que se conserva.

Tras la construcción de un oratorio y luego, en 1765, de una iglesia, en
1940 Miguel Ángel Alfaro Decoud diseñó la basílica actual. Su nieto,

también arquitecto, declaraba recientemente: «Mi abuelo, quien se recibió en la Universidad de Roma como arquitecto e ingeniero civil, era un católico muy creyente. Tal es así que hizo un proyecto artístico con un aire renacentista, inspirándose en las obras de los grandes arquitectos de Italia, e ideó una construcción pura como la Virgen. Lástima que la modificaron, por economizar y apurar los plazos».[2] El 20 de febrero de 1940 el arquitecto entregó el proyecto definitivo de la basílica al entonces arzobispo de Asunción, monseñor Juan Sinforiano Bogarín y a monseñor Aníbal Mena, quienes gestionaron su aprobación casi inmediata. Hacia 1941 comenzó la obra, para la cual el arquitecto Alfaro hizo traer en carretas piedras del cerro Cristo Rey. El 15 de abril de 1945 se realizó la bendición y colocación de la *piedra fundamental* de la futura basílica en Caacupé.

Brasil

El caso de Brasil es muy parecido. En 1717 unos pescadores navegaban a bordo de una pequeña canoa sobre el río Paraiba, cuando de pronto atraparon con sus redes una hermosa figura de terracota. Una vez colocada la imagen dentro de la embarcación, la pesca comenzó a crecer milagrosamente. El conde Assumar Pedroso, gobernador de la provincia de São Paulo, se quedó con la imagen unos quince años y construyó un oratorio para ella. Tras una segunda capilla, en 1834 se inició la construcción de la Basílica Vieja. Posteriormente se supo que el autor de la imagen había sido fray Agostinho de Jesús, un monje carioca que residía en São Paulo y que trabajaba el barro como arte. Se dice que la había moldeado en 1650, y que al ser sumergida en el río Paraiba, perdió su policromía original y quedó de un brillante color castaño oscuro.

En 1928, Pío XI proclamó a Nuestra Señora Aparecida patrona principal de Brasil, y en 1955 Benedito Calixto proyectó la iglesia que ahora vemos, con una capacidad para 45.000 personas (otras fuentes hablan de 70.000). Desde su conclusión, en 1980, se calcula un flujo aproximado de unos siete millones de peregrinos al año (cf. Martel 2012).

Benedito Calixto, Nossa Senhora da Conceição Aparecida, Aparecida (Brasil), 1955/80.

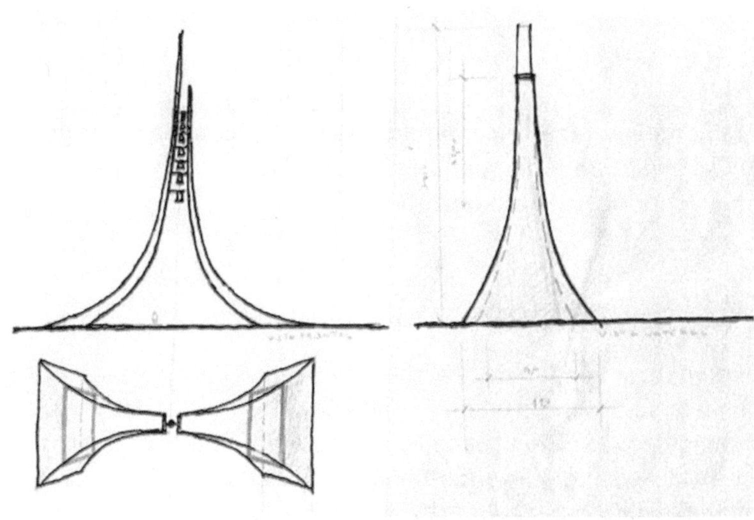

Oscar Niemeyer, Campanario para Nossa Senhora da Conceição Aparecida, Aparecida (Brasil), 2005; proyecto.

Autor desconocido, Virgen de Suyapa, Tegucigalpa (Honduras), 1943/2005.

Para conmemorar el tricentenario de la aparición de la imagen, en 2017 se levantará el campanario que diseño Óscar Niemeyer poco antes de morir (cf. Amorim 2014).

Honduras

La minúscula imagen de la Virgen de Suyapa data del siglo XVIII. Primero fue venerada en una ermita construida en 1780, no lejos de Tegucigalpa. En 1925 el papa Pío XI la declaró patrona de Honduras, y en 1943 se decidió levantar un santuario adecuado, ya que la imagen había sido robada en 1936 y encontrada, años más tarde, en una conocida cantina del centro de la ciudad. En 1954, se puso la primera piedra, y aunque el 8 de marzo de 1983 el papa Juan Pablo II celebró allí la Santa Misa, sólo en 2005 se pudo realizar la consagración del templo. El 9 de septiembre del 2015 el papa Francisco la instituyó como Basílica Menor.

Lamentablemente, no he conseguido averiguar el nombre del arquitecto de este edificio —por lo demás, completamente ecléctico—, construido en el país más pobre de Latinoamérica.

SANTUARIOS POSTCONCILIARES MODERNOS

Un segundo grupo lo constituyen cuatro edificios realizados en hormigón armado entre los años cuarenta y noventa del siglo pasado. Son edificios de líneas duras, pensados a la manera moderna para optimizar los recursos económicos, maximizar la capacidad de los recintos y dejar que el hormigón armado exprese *libremente* el espíritu de los tiempos. De todos ellos conocemos el autor, y su arquitectura ha sido, en mayor o menor medida, celebrada como muestra de la mejor arquitectura latinoamericana.

República Dominicana

La actual basílica de Nuestra Señora de Altagracia, en Higuey, reemplazó al antiguo santuario construido en 1572. Fue proyectada por los arquitectos franceses André-Jacques Dunoyer de Segonzac y Pierre Dupré, tras ganar un concurso internacional convocado en 1947, al que se presentaron proyectos de doce países. La primera piedra se colocó en 1954; el edificio se inauguró en 1971.

En el exterior, un conjunto de pórticos formados por paraguas de hormigón armado protegen a los millares de peregrinos que anualmente acuden a visitar a su patrona. Los peregrinos «suben al camarín de la Virgen a tocar el cristal del cuadro, encienden una vela y casi siempre piden un deseo. A veces llevan un hábito de raso negro y vienen caminando desde la otra punta de la isla» (Pancorbo 2010).

André-Jacques Dunoyer de Segonzac y Pierre Dupré, Nuestra Señora de la Altagracia, Higuey (República Dominicana), 1954/71.

Siempre he pensado que este edificio muestra las limitaciones de la arquitectura para ponerse a la altura de las circunstancias; en este caso, para servir de marco a una piedad popular bastante primitiva, que en ocasiones se confunde con la santería u otros ritos precristianos (cf. Fernández-Cobián 2009, 8-37).

Chile

No ocurre lo mismo en Chile. En 1943 se convocó un concurso de anteproyectos para construir un templo conmemorativo de la batalla de Maipú (1818), el choque que decidió la independencia del país. Resultó ganador Juan Martínez Gutiérrez, profesor de la Escuela de

Juan Martínez Gutiérrez, Nuestra Señora del Carmen (Templo Votivo), Maipú (Chile), 1944/74.

Arquitectura de la Universidad de Chile. Sin embargo, el edificio fue terminado treinta años después por Rodrigo Márquez de la Plata, que modificó el diseño original de la plaza-atrio y su triple columnata, simplificó la planta y ajustó su trazado. Asimismo, decidió conservar los muros laterales de la iglesia parroquial de Nuestra Señora del Carmen de Maipú (cf. Eliash 2014; Tuca y Eliash 2014).

La poderosa forma escultórica de este templo, que sorprende desde el inicio, tiene su justificación en el carácter simbólico y emblemático que tiene para el pueblo de Chile. El interior se estructura en una secuencia decreciente de alturas que van desde el acceso hasta el altar y el retablo, donde se encuentra la Virgen del Carmen, patrona del país. Este esquema genera perspectivas interesantes y hace que la visión del edificio vaya cambiando continuamente.

México

La nueva basílica de Santa María Guadalupe, patrona de México y de toda América, fue construida para reemplazar la antigua iglesia colonial, muy afectada por el hundimiento del subsuelo lacustre de la Ciudad de México, donde se asienta. Diseñada por un equipo de arquitectos dirigidos por Pedro Ramírez Vázquez (José Luis Benlliure Galán, Alejandro Schoenhofer, fray Gabriel Chávez de la Mora, Javier Urquiaga y Javier García Lascuráin), la obra se concibió como una estructura flotante de hormigón armado, anclada a un mástil central que descansa en el fondo de la laguna. Se consagró el 12 de octubre de 1976 (cf. Duque 2013; Solís 2012; Artigas 2010).

Su forma circular, de unos cien metros de diámetro, responde a la necesidad de que todos los peregrinos puedan participar de las celebraciones litúrgicas y venerar la imagen de la Guadalupana desde cualquier lugar de la basílica y de la explanada adyacente.[3] Además, para facilitar la cercanía de los fieles a la tilma de Juan Diego, se construyó un pasadizo por debajo del altar mayor, dotado de cintas transportadoras.

En el interior del templo caben 10.000 personas, distribuidas entre la nave central y las nueve capillas para pequeños grupos ubicadas en el piso superior. En este nivel, una capilla abierta se vuelca hacia el atrio, de modo que el número de asistentes pueda multiplicarse.

Curiosamente, su forma de carpa, que en un principio resultó extraña y ajena a la tradición local, se ha convertido en una tendencia creciente en la resolución de programas similares en México: todos quieren tener su pequeño santuario guadalupano...

Venezuela

El cuarto edificio moderno —acaso el más brutalista de todos— es la basílica de Coromoto, construida en el lugar donde la Virgen María se apareció por segunda vez al indio Coromoto en 1652 (cf. Armas 2011).

Pedro Ramírez Vázquez, José Luis Benlliure Galán, fray Gabriel Chávez de la Mora *et al.*, Nueva basílica de Nuestra Señora de Guadalupe, Ciudad de México, 1972/75.

Autor desconocido, Capilla dedicada a Nuestra Señora de Guadalupe, Huejotzingo (Puebla, México), ca. 2015.

Erasmo Calvani, Nuestra Señora de los Llanos, Coromoto-Guanare (Venezuela), 1975/96.

En 1975, el entonces Obispo de Guanare, invitó a la congregación de las Siervas del Santísimo Sacramento a fundar allí una casa de retiros. Fue entonces cuando la comunidad tomó la decisión de solicitar de Roma el permiso para la creación de un gran templo dedicado a la Virgen de Coromoto, patrona de Venezuela. El proyecto se le encargó a Erasmo Calvani ese mismo año, pero no se comenzó a construir hasta principios de 1982. La obra se interrumpió en varias ocasiones por dificultades tanto económicas como derivadas del elevado nivel freático de la parcela (los serios problemas de drenaje que atrasaron la conclusión de la obra, posteriormente fueron subsanados con la construcción de la represa de Tucupido). En 1996, en presencia de más de dos millones de personas, el papa Juan Pablo II consagró el Templo Votivo de Guanare como Santuario Nacional.

El altar mayor tiene forma de *bohío* —la vivienda típica de los indios locales—, y los más de 400 m² de vitrales que bañan de color al recinto conforman un lugar que quiere invitar al silencio y a la oración (aunque no siempre lo consigue). Todo está adornado con motivos llaneros, exuberantes como la flora del estado de Portuguesa, donde se ubica el santuario. El templo puede albergar a unas 2.500 personas, y en la plaza de Espigas, a más de 50.000. Desde el mirador que se encuentra sobre la fachada se puede observar la llanura.

SANTUARIOS EN CONSTRUCCIÓN

Finalmente, veamos los nuevos santuarios que se están construyendo en Latinoamérica en estos momentos.

Puerto Rico

A las afueras de San Juan, en el barrio de Cupey, se está levantando un nuevo Santuario Nacional dedicado a la Nuestra Señora Madre de la Divina Providencia. Proyectado por el arquitecto Rodolfo Fernández Ramírez, por ahora sólo se ve la cruz monumental, de cincuenta metros de altura, bajo la cual se han dispuesto unas lonas en donde se celebra la eucaristía. Los confesionarios, el vía crucis y las demás dependencias auxiliares todavía se usan a cielo abierto.

Además de la cruz, el complejo contará con un templo con capacidad para cuatro mil personas, donde se ubicará la imagen de la Virgen que actualmente se encuentra en una capilla lateral de la Catedral Metropolitana de San Juan, y un edificio multiusos para dependencias eclesiales.

Rodolfo Fernández Ramírez, Nuestra Señora Madre de la Divina Providencia, Cupey-San Juan (Puerto Rico), 2010/20 ca.

GVA & Asociados, Virgen de la Antigua, Ciudad de Panamá (Panamá), 2012/25 ca.

Panamá

Pero el proyecto más llamativo de toda esta serie es el nuevo santuario panameño. La imagen de Santa María La Antigua se encuentra —como en el caso anterior— en una capilla lateral de la catedral barroca de la ciudad (1688/1796). Se pretende, por tanto, construir un nuevo lugar de peregrinación (o tal vez una nueva catedral metropolitana) en una zona boscosa de las afueras de Panamá City.

Los paneles de la propuesta, supuestamente realizados por la firma mexicana GVA & Asociados,[4] muestran una iglesia de nave única y planta basilical, con capacidad para diez mil personas, cubierta con finas bóvedas metálicas en forma de *Campana de Gauss* (cf. *Habemus Basílica* 2015). Muchos panameños se muestran escépticos sobre su viabilidad, ya que en los últimos tiempos parece que la megalomanía se ha convertido allí en tendencia. Sólo apuntaré un dato: de los diez rascacielos más altos que se están construyendo en estos momentos en Latinoamérica, nueve están situados en la Ciudad de Panamá.

CONCLUSIONES

Tal vez estos edificios no sean las mejores iglesias que se hayan construido en Latinoamérica tras el Concilio Vaticano II. Sin embargo, se levantan como referentes identitarios en sus respectivos países, y son visitadas por cientos de miles —incluso millones, en algunos casos— de fieles cada año.

Para muchos, la arquitectura religiosa contemporánea ha quedado reducida a unos cuantos edificios que actúan como iconos en el imaginario colectivo. Sin embargo, cabe recordar que la arquitectura es una actividad eminentemente social, y que, en nuestro caso, resulta mucho más interesante saber cuáles son los edificios que marcan la vivencia de la fe en una determinada zona del mundo, que volver una y otra vez sobre iconos de dudosa representatividad.

GVA & Asociados, Virgen de la Antigua, Ciudad de Panamá (Panamá), 2012/25 ca.

El siglo **XX** ha construido mucha arquitectura religiosa importante: catedrales en áreas donde el cristianismo se encuentra en expansión; santuarios a los que acuden anualmente millones de personas; espacios conmemorativos para orar por la paz, etc. Son edificios que se erigen como símbolos de la identidad de un país o de todo un continente.

Es nuestra responsabilidad como investigadores evitar la autorreferencialidad de la arquitectura moderna. Pero sobre todo, necesitamos incorporar al discurso académico el punto de vista del cliente —una Iglesia, un colectivo, una determinada comunidad de usuarios que necesita un espacio significativo e identificable—, para poder comprender lo que está ocurriendo a nuestro alrededor. Esta ponencia ha querido dar un primer paso en esa dirección.

NOTAS

[1]   Sobre este tema puede verse el artículo general de Juan Esquerda Bifet, «El culto a la Virgen en los Santuarios Marianos de América Latina. A la luz de los documentos del CELAM», con acceso el 15 de septiembre de 2015, www.americalatina.va/content/americalatina/es/secciones/articulos---reflexiones/otros/el-culto-a-la-virgen-en-los-santuarios-marianos-de-america-latin.html.

[2]   «De santuario a basílica para la Virgen de los Milagros de Caacupé», *ABC Color* (19/07/2015), con acceso el 06/10/2015, www.abc.com.py/edicion-impresa/locales/de-santuario-a-basilica-para-la-virgen-de-los-milagros-de-caacupe-1389283.html.

[3]   Debido al crecimiento exponencial de los peregrinos —según la Secretaría de Turismo de la Ciudad de México, dieciocho millones de personas visitan anualmente la basílica, de las cuales el 40% (más de siete millones) lo hacen el 12 de diciembre—, en 2011 se inauguró la Plaza Mariana, un edificio anejo que puede acoger a las casi tres mil peregrinaciones que se realizan anualmente.

[4]   GVA & Asociados fue fundada en 1968 por los arquitectos José Manuel Gómez Vázquez Aldana y Jaime Gómez Vázquez Aldana (www.gva.com.mx). El proyecto que nos ocupa no figura actualmente en su página web.

BIBLIOGRAFÍA

2012. «¿Habemus Basílica Santa María La Antigua?». *Arquitecto Panameño* (16 de agosto), con acceso el 15/09/2015, http://arquitectopana.com/2012/08/16/habemus-basilica-santa-maria-la-antigua/

2015. «De santuario a basílica para la Virgen de los Milagros de Caacupé». *ABC Color* (19 de julio), con acceso el 06/10/2015, www.abc.com.py/edicion-impresa/locales/de-santuario-a-basilica-para-la-virgen-de-los-milagros-de-caacupe-1389283.html.

Amorim, Kelly. 2014. «Santuário Nacional de Aparecida, em Sao Paulo, terá campanário projetado por Oscar Niemeyer». *aU-Arquitetura e Urbanismo* (20 de octubre), con acceso el 15/09/2015, http://au.pini.com.br/arquitetura-urbanismo/edificios/santuario-nacional-de-aparecida-em-sao-paulo-tera-campanario-projetado-329831-1.aspx.

Armas, Maylida. 2011. «El santuario de la Coromoto». *Vivencias llaneras del abuelo* (25 de septiembre), con acceso el 06/10/2015, http://cuentaelabuelo.blogs-pot.mx/2011/09/el-santuario-de-la-coromoto.html

Artigas Hernández, Juan Benito. 2010. «La basílica del siglo XX en la Villa de Guadalupe». *Bitácora Arquitectura* 20: 58-65.

Duque, Karina. 2013. «Clásicos de Arquitectura: Basílica de Santa María de Guadalupe/Pedro Ramírez Vázquez». *ArchDaily México* (23 de abril), con acceso el 05/10/2015, www.archdaily.mx/mx/02-254079/clasicos-de-arquitectura-basilica-de-santa-maria-de-guadalupe-pedro-ramirez-vazquez.

Eliash, Humberto *et al.* 2014. «Juan Martínez Gutiérrez, la voluntad moderna». Santiago de Chile: Stoq Editorial.

Fernández-Cobián, Esteban. 2009. «Arquitectura religiosa contemporánea: el estado de la cuestión», en *Arquitecturas de lo sagrado. Memoria y proyecto*, editado por Esteban Fernández-Cobián, 8-37. A Coruña: Netbiblo.

Martel, José (Pepe). 2012. «Nuestra Señora Aparecida Patrona de Brasil». *Cuba Nuestra: Historia* (9 de abril), con acceso el 15/09/2015, https://cubabues-tra7eu.wordpress.com/2012/04/09/sobre-nuestra-senora-aparecida/.

Pancorbo López-Delpecho, Luis. 2010. «Vitamina R (ron) y estrellas de mar». *El País* (9 de octubre), con acceso el 06/10/2015, http://elpais.com/dia-rio/2010/10/09/viajero/1286658487_850215.html.

Solís Tapia, Amanda. 2012. «La nueva basílica de Guadalupe, un refugio de almas». *Obras web* (17 de marzo), con acceso el 06/10/2015, www.obrasweb.mx/arquitectura/2012/03/07/basilica-de-guadalupe-refugio-de-almas.

Tuca, Isabel y Humberto Eliash. 2014. «Clásicos de Arquitectura: Templo Votivo de Maipú/Juan Martínez Gutiérrez». *ArchDaily México* (10 de diciembre), con acceso el 14/09/2015, www.archdaily.mx/mx/758868/ad-classics-templo-votivo-de-maipu-juan-martinez-gutierrez.

«LA ARQUITECTURA RELIGIOSA HA DE CONFORMAR ESPACIOS QUE FACILITEN LA LITURGIA»
Entrevista a Esteban Fernández-Cobián

Víctor Fernández de Moya

Publicada en el blog «Arquitectura y Cristianismo» (17 de enero de 2016), http://arquitecturaycristianismo.com. También publicada en «Infocatólica» (18 de enero de 2016), http://infocatolica.com.

En la actualidad nos encontramos un debate muy polarizado sobre el lenguaje arquitectónico que debemos utilizar en las nuevas iglesias. Por un lado, están los que argumentan que el lenguaje abstracto es inevitable para seguir el espíritu de los tiempos. Por otro lado se encuentran los que se posicionan a favor del lenguaje clásico que —presuntamente— garantiza la tradición e identidad católica. ¿Usted se ubica en algún bando? ¿Sería posible o incluso positivo la existencia de una tercera vía?

La Iglesia católica nunca consideró como suyo ningún estilo artístico en especial. Esta idea está recogida de manera literal en la Constitución apostólica *Sacrosanctum Concilium* del Concilio Vaticano II. Y es una gran verdad. Tanto el arte sacro como el arte de carácter meramente religioso han adoptado a lo largo de la historia aspectos diferentes, siguiendo las preferencias estéticas de los comitentes, de las comunidades de fieles o de los propios artistas. Esto es válido para cualquier modalidad artística, desde la música a la arquitectura. Así que no veo por qué, en este momento, tiene que ser de otra manera. Además, aparte de las variaciones temporales, también existieron y siguen existiendo las variantes geográficas: de oriente a occidente, del norte al sur, de Europa a América, y más recientemente, del centro (primer mundo) a las periferias (Africa, Asia, Oceanía). Es lo que se ha llamado 'la inculturación de la fe', en la cual el arte ha tenido y sigue teniendo un rol muy especial.

Una palabra acerca del *espíritu de los tiempos*. No sé exactamente cuándo comenzó a invocarse este concepto típicamente romántico y típicamente alemán (*zeitgeist*) para intentar determinar de manera unívoca el arte cristiano. En cualquier caso, pienso que es un concepto muy discutible en sí mismo (tantas variaciones, tantas circunstancias, tantas geografías), y absolutamente inapropiado para tratar el tema que nos ocupa.

No existe la solución única. El lenguaje arquitectónico de una iglesia lo ha de determinar la comunidad que encarga esa iglesia. No es un problema de terceras vías. Las comunidades eclesiales suelen ser ricas en diversidad, aunque también hay algunas notablemente homogéneas. El pastor, las distintas comisiones y el conjunto de los fieles dialogan con los artífices (el arquitecto, los artistas, el mecenas si lo hay), y juntos llegan a un consenso. No hay un estilo que se deba imponer (¿quién debería imponerlo?). Lo que sí que hay que hacer es respetar unas normas morales básicas, y por lo tanto, muy generales: buscar lo mejor para la gloria de Dios, actuar con caridad ante todos, ser transparentes y honestos en la gestión económica, no ofender el sentir religioso de los fieles, atenerse a las leyes propias del arte...

La arquitectura religiosa contemporánea no conecta con la mayoría de los fieles. ¿Podría explicarnos cuáles cree que pueden ser las principales causas?

Creo que la pregunta tiene un grado de indeterminación importante. ¿Qué entendemos por arquitectura religiosa contemporánea? ¿Qué es *la mayoría de los fieles*?

Veamos lo primero. Si por arquitectura religiosa contemporánea entendemos (como yo mismo suelo precisar en mis escritos) la construida en los últimos ochenta años —que es el ámbito de una vida—, entonces hay que reconocer que en los últimos tiempos (1935-2015) se ha construido una arquitectura religiosa muy heterogénea. Especialmente si consideramos el mundo es su conjunto. Otra cosa es que algunas arquitecturas hayan sido más divulgadas que otras. Existen arquitecturas importantísimas que nadie conoce. Por ejemplo, en los últimos ochenta años se han construido la mayoría de los santuarios marianos que acogen a las Vírgenes patronas de Latinoamérica. ¿Quién conoce esas iglesias, más allá de sus respectivos países? ¿Se podría decir que sus arquitecturas no conectan con los fieles? No lo creo. Lo mismo ocurre con las catedrales de la mayoría de las capitales del mundo. ¿Cómo es la catedral de Bangui (República Centroafricana, 1934/37), donde el papa Francisco acaba de pre-inaugurar el año de la Misericordia? ¿Conecta con los fieles?

Otra cosa es que las iglesias más publicadas en nuestro entorno inmediato hayan sido edificios con un carácter formalista (abstracto, en su mayoría) muy importante. La arquitectura religiosa del siglo XX no ha sido muy publicada, en general, y la que lo fue, lo hizo por haber sido proyectada por algún arquitecto importante o por inscribirse en procesos experimentales de vanguardia. Tal vez esos

Catedral de Nuestra Señora de la Inmaculada Concepción, Bangui
(República Centroafricana), 1934/37.

ejemplos sean los que no conectan con la mayoría de la población, a
pesar (o tal vez precisamente por ello) de tener una calidad arquitectónica reconocida. Pero esto también ocurre con cualquier otro producto excelente: en un primer momento, su ámbito de reconocimiento está limitado a unas élites que son capaces de apreciarlo, aunque
luego su importancia se vuelve universal.

*Un ejemplo de arte religioso conceptual lo tenemos en el retablo de
Javier Alkain para la iglesia de Iesu diseñada por Rafael Moneo. ¿Cree*

Javier Alkain, Retablo de la iglesia Iesu (Rafael Moneo Vallés, San Sebastián, 2006/11).

que el arte religioso puede ser conceptual y abstracto o es necesario al menos un mínimo de figuración?

Lamentablemente, no he tenido la oportunidad de visitar la iglesia de Iesu, en San Sebastián: me puse enfermo —cosa rarísima en mí— el día anterior al viaje que tenía programado. Me gustaría ver, allí mismo, cómo encaja en el conjunto. Sí que he tenido la suerte de visitar, hace pocos días, la capilla del convento de Tlalpan, en México DF, construida por Luis Barragán durante los años cincuenta para las Madres Adoratrices del Santísimo Sacramento (franciscanas). Es un espacio conmovedor, muy bien conservado. Me atrevería a decir que Moneo quiso para la iglesia de San Sebastián algo parecido

196

Luis Barragán Morfín, Capilla del convento de las Madres Adoratrices del Santísimo Sacramento, Tlalpan (México), 1953/60.

a lo que Barragán encargó a Mathias Goeritz para Tlalpan. Pero allí, en el centro de ese retablo, está la custodia eucarística, de modo que los grandes lienzos de pan de oro, abstractos, constituyen como el resplandor de la gloria de Cristo, realmente presente en la hostia. En San Sebastián no hay nada de eso, sólo unos paños aparentemente blancos. ¿La Trinidad? ¿La nada? Es difícil saberlo.

Lo que está claro es que el arte sacro ha de estar al servicio del culto, siempre en un segundo plano. Este arte sacro conviene distinguirlo del arte religioso en general (el que tiene una temática religiosa), que no siempre es apropiado para exponerlo al culto público, por ser, en ocasiones, demasiado personal. En cualquier caso,

corresponde a la prudencia del pastor autorizar la muestra de una
determinada obra a la veneración de los fieles (en definitiva, convertir una pieza de arte religioso en arte sacro), siendo consciente de
que el arte sacro tiene un carácter cuasi-sacramental, es decir, de
mediación entre la gracia de Dios y los sentidos humanos.

*Usted ha afirmado que en nuestro tiempo se ha perdido el simbolismo
del templo cristiano en favor de la alegoría. Probablemente nuestros
lectores no sepan bien diferenciar el uno de la otra. ¿Sería tan amable de
explicarnos brevemente en qué consiste esta diferencia?*

Símbolos y alegorías son figuras retóricas que intentan alcanzar
las realidades espirituales (no necesariamente religiosas) a través
de elementos materiales. El símbolo se distingue de la metáfora o
alegoría en que el primero es un lenguaje natural que no necesita
ser explicado, mientras que el segundo es un lenguaje artificial que
depende del desentrañamiento de un determinado código. El culto
cristiano se fundamenta en un hecho real —el acontecimiento histórico de la Pascua— y no en una metáfora —una comparación que
alguien se haya inventado con más o menos fortuna—.

El verdadero simbolismo es difícil de crear, mientras que el alegoris-
mo es fácil, incluso a veces, trivial. Pero en su interpretación ocurre
lo contrario: la del símbolo es inmediata, mientras que la interpretación de la alegoría es incierta.

Veamos un ejemplo. El agua bautismal simboliza la gracia divina que
se derrama sobre el fiel y lava todos sus pecados anteriores. Todo el
mundo sabe que el agua limpia, y por eso, no hay nada que explicar.
Pero si yo digo que he construido la cúpula de una iglesia apoyándo-
la sobre cuatro columnas que 'simbolizan' a los cuatro evangelistas,
eso no es evidente: ¿por qué cuatro y no doce (los doce apóstoles)?
También podrían ser diez (los mandamientos), siete (los sacramentos), tres (la Santísima Trinidad), etc. Hay un número para todo. Por
eso hay que tener mucho cuidado con las alegorías en el arte —y las
analogías numerales han sido muy usadas a lo largo de la historia—,
que siempre son gratuitas. Lo mismo cabría decir del uso de otras

metáforas sacadas de contexto: una iglesia con forma de barca (por la barca de Pedro), una planta con forma de paloma (porque está dedicada al Espíritu Santo), etc.

Desde la más remota antigüedad, los templos —y las iglesias también son templos, no lo olvidemos— se han entendido como puentes que conectan el mundo de los hombres con el de los dioses, y que para cumplir su función utilizaban el simbolismo cósmico. Existen espacios simbólicos y tiempos simbólicos, y los templos trabajan con ese material. En el caso del cristianismo, el año litúrgico es un tiempo simbólico (la semana de siete días es otro), mientras que la iglesia es un espacio simbólico que reacciona —debería hacerlo— con el movimiento del sol a lo largo del día y de las estaciones. Esto es así porque el cristianismo es una religión solar, y el símbolo más fuerte de Cristo es el sol, que disipa las tinieblas y permite que exista la vida en el mundo.

Quien quiera profundizar algo más sobre este tema puede consultar el libro de Jean Hani *El simbolismo del templo cristiano* (1962). Encontrará explicación a muchas preguntas.

El dominico Marie-Alain Couturier afirmaba que la descristianización de la sociedad y el distanciamiento del interés de los grandes artistas por la temática religiosa, hacían imposible la existencia de una arquitectura sacra contemporánea. Como alternativa propugnaba encargar las obras religiosas a los mejores artistas de nuestro tiempo, a pesar de su falta de sentido religioso, para contar, al menos, con su talento y sensibilidad. ¿Es partidario de esta corriente?

Couturier era una persona muy inteligente y un propagandista muy eficaz. Su propuesta nos plantea una disyuntiva que no suele ser real. ¿Quiénes son los grandes artistas? ¿Los del *star-system*? ¿Es realmente cierto que no existe ningún arquitecto importante que quiera construir una iglesia?

Couturier estaba inmerso en una circunstancia muy concreta, y hay que entender sus afirmaciones en ese contexto. La Francia inmediatamente anterior y posterior a la Segunda Guerra Mundial estaba

Marie-Alain Couturier op.
(1897/1954).

dominada, en lo que a arte sacro se refiere, por el historicismo y
la producción en serie asociados a la estética Saint-Sulpice: para
entendernos, la imaginería romántica producida industrialmente a
gran escala. Todo era inercia y negocio, y hacía falta un poco de aire
fresco. En realidad, hacía falta verdadero arte sacro. Y Couturier
consiguió gestionar obras muy significativas. Sólo en arquitectura
podemos recordar las iglesias de Blois, Assy, Audincourt, Ronchamp o Vence, afectadas en mayor o menor medida por su influencia. Fueron hitos que golpearon las conciencias, porque además de

su arquitectura, entraban en juego muchas otras piezas pictóricas encargadas a artistas muy famosos en su momento. Pero dudo de que esta fórmula pueda repetirse de manera cotidiana.

Eso sí, el Concilio Vaticano II obligó a que cada diócesis tuviera al menos tres comisiones especializadas: una de liturgia, otra de arte sacro y una tercera de música sacra, para que la construcción de las iglesias —con todo lo que ello conlleva— no respondiera al mero capricho de un párroco o de una comunidad parroquial, sino que tuviera una dimensión eclesiológica mayor, además de densidad teológica y valor artístico. Pero cincuenta años más tarde, en la mayor parte de las diócesis estas comisiones o no existen o no funcionan, al menos en lo que a la arquitectura se refiere.

Siempre se ha afirmado que el buen arte es reflejo de su tiempo. Si como parece obvio, la sociedad occidental se ha descristianizado, si cada vez más es una sociedad alejada de Dios, ¿podemos llegar entonces a la conclusión de que los lenguajes artísticos y arquitectónicos de la actualidad son incapaces de desarrollar un arte propiamente católico? ¿Cuál es su opinión al respecto?

Tal vez estemos demasiado acostumbrados a que la religión sea una fuerza mayoritaria en nuestra sociedad. Esto, efectivamente, hace ya algún tiempo que no es así en nuestro contexto más inmediato. Para el arte sacro, esta situación tiene sus ventajas y sus inconvenientes. El principal inconveniente es que hay menos en donde elegir. La principal ventaja es, igualmente, que hay menos en donde elegir, y por lo tanto, se puede profundizar más en lo que se hace: formar mejor a los artífices, formar mejor a los comitentes, que haya un mayor diálogo entre todos, etc. El verdadero arte siempre ha sido un coto reservado a las minorías creativas. No veo por qué esto tiene que ser un problema. La endogamia nunca es buena, pero el trabajo intenso siempre se necesario.

En la época medieval, con una mayoría abrumadora de fieles analfabetos, la Iglesia utilizaba las artes mayores (arquitectura, escultura y pintura)

Studio Ebi, *Che santo è? Iconografia dei santi in stile manga* (2010): santa María Magdalena.

Studio Ebi, *Che santo è? Iconografia dei santi in stile manga* (2010): san Miguel arcángel.

como instrumento de catequesis. Curiosamente, hoy en día existe otro analfabetismo de tipo espiritual, que hace incapaces de entender el sig-nificado de lo religioso a una mayoría. ¿No debería el arte católico vol-ver a convertirse en una catequesis visual? Un buen ejemplo de ello lo encontramos en la Sagrada Familia de Gaudí.

Casi todos los problemas del mundo se resuelven con educación, esto está claro. Por eso hay tantas discusiones sobre modelos educativos, sistemas pedagógicos, recursos didácticos, etc. En África se dice que para educar a un niño se necesita a la tribu entera, lo que significa que ha de existir una gama de valores compartida entre todos los que rodean a ese niño. En las coordenadas espacio-temporales en las que nos movemos (España), hay varias gamas de valores que pugnan por establecerse como mayoritarias. La que lleva ventaja desde hace algunos años no incluye la religión como un valor, sino más bien como un contravalor. Esto es grave. Su primera consecuencia es el analfabetismo religioso, que impide a la gente comprender gran parte de la historia de la humanidad y casi toda la historia del arte.

Hay algunas iniciativas que tratan de recuperar esa catequesis visual de la que hablas, tan necesaria. Pienso ahora mismo en Nártex —una asociación de voluntarios que explican el significado de las iglesias a los turistas y a todo aquél que quiera aprender—, que también se ha asentado en ciudades como Madrid (cf. https://nartex-blog.wordpress.com); o, en el campo de la iconografía, recuerdo una interesantísima exposición de santos *al estilo Manga*, que realizó el Museo Diocesano de Venecia en 2010. Pero haría falta ir mucho más allá, aprovechando las dinámicas sociales más propias de nuestra época, como el turismo de masas: la Sagrada Familia puede ser un buen ejemplo a seguir.

Una de las corrientes actuales aboga por convertir la liturgia en la única referencia para el correcto diseño de un templo católico. ¿Comparte esta opinión?

No. Creo que se trata de un punto de vista limitado. Existen muchos congresos, jornadas, encuentros en general, a lo largo y ancho del mundo, que partiendo de esta temática, no llegan a ningún sitio. Porque, si lo expresamos en términos matemáticos, la arquitectura es una disciplina indeterminada, con más incógnitas que ecuaciones.

Pienso que la arquitectura religiosa ha de conformar espacios que faciliten la liturgia, que la potencien sensorialmente, incluso. Pero la arquitectura no queda determinada por la liturgia, porque tiene sus propias leyes. Esa pretensión es lo que en los años cincuenta se conoció como *funcionalismo litúrgico*. Observa que he dicho *años cincuenta*, cuando el Concilio Vaticano II ni siquiera se había planteado. No es un problema del Concilio, es anterior.

Es curioso que tras el Concilio Vaticano II triunfara en la Iglesia católica una determinada eclesiología que la definía como Pueblo de Dios. Me parece curioso porque desde hacía cien años, el Movimiento Litúrgico estaba intentando recuperar la eclesiología paulina que entendía la Iglesia como Cuerpo de Cristo. Estas dos metáforas —muy simbólicas, por cierto— determinaron en buena medida la forma de los edificios destinados al culto.

La idea de Cuerpo de Cristo nos hablaba de perfección. Incluso algunos tratadistas del Renacimiento se atrevieron a dibujarla en planta: una cabeza (el presbiterio), unos brazos abiertos sobre el corazón (el crucero), un tronco (la nave), unos pies (la puerta), etc. Los fieles entraban por los pies (oscuros, sucios) para, después de un largo proceso ascético de identificación con Cristo, llegar a la cabeza (limpia y luminosa).

Por el contrario, la idea de Pueblo de Dios remite directamente al libro del Éxodo, a la noción de provisionalidad, de camino, de informalidad, y en el límite, de asamblearismo (como se lee en los mismos documentos vaticanos a partir de 1970). Todo ello muy propio de los años sesenta y setenta. Pienso que se puede rastrear mucho mejor la forma de las iglesias de esta manera que fijándonos en la liturgia. Sobre todo porque, de hecho, la liturgia es un terreno minado: nadie sabe cuál es el documento que hay que seguir en cada momento (si es que alguien decide seguir algún documento y no el *espíritu de los tiempos* que citabas antes). Ni los comitentes ni, por supuesto, los arquitectos. Habría que ser un verdadero especialista en jurisprudencia eclesiástica.

Me atrevería a resumir todo lo anterior diciendo que los edificios destinados al culto católico no sólo han de ser *iglesias* (lugares donde los fieles se reúnen para celebrar la liturgia), sino también *templos*, es decir, casas de Dios y puertas del Cielo, llenas de simbolismo cosmológico.

Tradicionalmente los templos católicos han sido muy ricos en ornamentación religiosa. Desde algunos sectores de la Iglesia se ha denunciado un proceso de protestantización de los nuevos recintos católicos, caracterizados por espacios sin ornamentación alguna,

John Pawson, Iglesia de la abadía de Nuestra Señora de Novy Dvur
(República Checa), 1999/2004.

*curiosamente muy del gusto de la arquitectura contemporánea. ¿Cree
que existe alguna posibilidad de darle continuidad a la tradición católica en la ornamentación religiosa, sin caer en clichés pasados y sin
perder la contemporaneidad?*

El debate sobre la protestantización se remonta a los años sesenta,
hace medio siglo... Insisto en que el proyecto y la ornamentación
de una iglesia están directamente relacionados con la comunidad

que la va a utilizar. Desde hace algún tiempo son habituales —si no obligatorios— los consejos parroquiales. Allí se discute todo lo relacionado con la vida de la parroquia y se toman las decisiones oportunas. Un arquitecto puede diseñar una iglesia de la manera que vea conveniente. Pero si a la comunidad no le agrada el resultado, no te quepa duda de que, antes o después, la *tuneará*.

Está bien que las iglesias sean edificios inclusivos, personalizables, aunque siempre deberían estar bajo la tutela de la Comisión Diocesana de Arte Sacro. Se trata de un equilibrio difícil, pero necesario. En este sentido, tiendo a apostar por arquitecturas perfectibles, no cerradas en sí mismas. Es muy frecuente, en estos momentos, que un arquitecto que tenga un cierto nombre suscriba un contrato con su cliente para garantizar que los primeros diez años de vida del edificio —los mismos que abarca la cláusula profesional de responsabilidad civil— éste se mantenga sin cambios; así se pueden sacar buenas fotos y es posible divulgar la obra como una obra de autor. El problema surge cuando los edificios comienzan a envejecer; de hecho, ya existen concursos de arquitectura en los que se exige que las fotos de las obras se hayan hecho después de esos diez años...

Pero volviendo a su pregunta. La ornamentación depende de la sensibilidad de cada cultura local (un gallego sólo tiene que visitar Sevilla para saber de lo que hablo). Y también depende de lo que se quiera enfatizar en cada momento. Si eso se tiene claro, la ornamentación vendrá sola.

¿Podría citarnos algún ejemplo de arquitectura religiosa contemporánea que reflejen su manera de entender ésta?

Me resulta difícil responder a esta pregunta, porque mi trabajo consiste en estudiar la arquitectura y analizar los pros y los contras de cada nueva propuesta, teniendo en cuenta la historia anterior. Nunca tengo todos los datos encima de la mesa y siempre me asalta la sensación de que mis juicios son injustos por ser incompletos. Pero a veces hay que hacerlos, y por eso, también me suelo fijar en lo que opinan mis colegas al respecto.

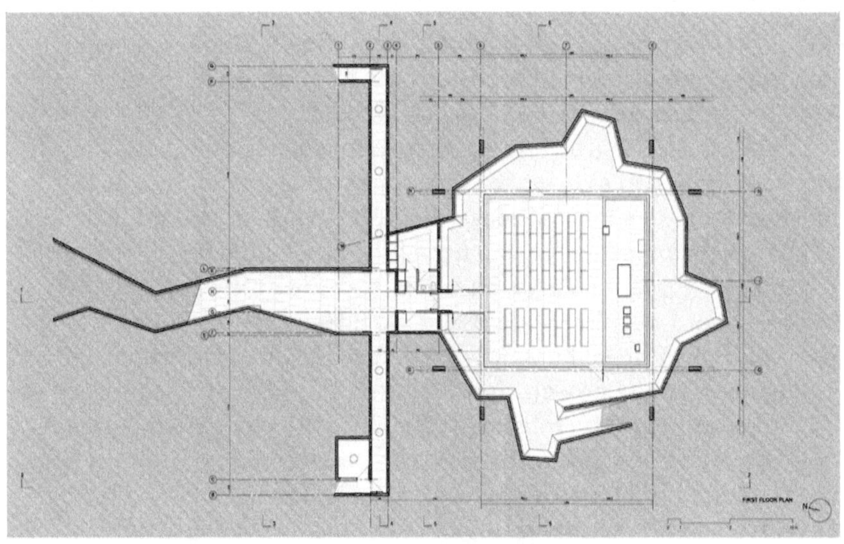

Undurraga-Devés, Capilla del Retiro, Aúco (Chile), 2008/09; acceso.

Undurraga-Devés, Capilla del Retiro, Aúco (Chile), 2008/09; planta.

Esto ocurre periódicamente, por ejemplo, con los Premios Internacionales de Arquitectura Sacra *Frate Sole*. En las dos ediciones en las que he participado (2008 y 2012) han ganado las dos iglesias por las que yo aposté desde el primer momento —incluso de una manera proactiva— dentro del jurado: la iglesia del monasterio de Novy Dvur (República Checa), de John Pawson, y la capilla en Aúco (Chile), de Undurraga-Deves. Conseguí obtener un cierto consenso en torno a estos dos proyectos, cosa que no ocurrió con los premios secundarios, con los que no me identifico especialmente.

Me emociona una iglesia cuando responde a las leyes de la arquitectura: constructivas, estáticas, compositivas, etc. Cuando permite que tanto la oración comunitaria (liturgia) como la oración personal (meditación) se desarrollen en su interior con naturalidad. Y cuando su presencia constituye un hito en el paisaje, que manifiesta simbólicamente la sacralidad de lo que ocurre en su interior y afirma la presencia de Dios en nuestra Tierra.

En este sentido, lo primero que valoro en una obra es su correcta ejecución: ha de ser perfecta. Perfecta y duradera. Porque a Dios no se le puede dedicar nada defectuoso. El lenguaje viene después.

Antes he hablado de arquitecturas perfectibles; podríamos denominarlas también inclusivas. A lo largo del siglo XX ha habido arquitectos que han hecho obras de este tipo, de los que deberíamos aprender. Desgraciadamente no son los más publicados, tal vez porque no han sido los más claros en su lenguaje o porque se han mantenido en los márgenes de la Modernidad. Me gusta llamarlos heterodoxos o incluso mestizos. Pienso en Luis Moya, en Jozef Plecnik, en Giovanni Muzio, en Gio Ponti...; también en los arquitectos-sacerdotes dom Paul Bellot, dom Hans van der Laan, fray Gabriel Chávez de la Mora, fray Francisco Coello de Portugal... Y, por supuesto, no debemos olvidar la enorme cantidad de iglesias que se construyeron en Alemania tras la Segunda Guerra Mundial —de las que tanto tenemos que aprender—, en Italia, en Francia, en Polonia (empezando por la inolvidable *Arka Pana* en Nowa Huta), en los países nórdicos... Todas tienen su circunstancia. Por ahora, tengo suficiente trabajo con intentar conocerlas.

Wojciech Pietrzyk y Jan Grabacki, *Arka Pana*: iglesia de la Madre de Dios, Reina de Polonia, Nowa Huta (Polonia), 1967/77.